M&A Booklet

オーナーも
アドバイザーも納得！
中小企業
M&Aの勘どころ

田中 佑児〔著〕

中央経済社

M&Aブックレットシリーズについて

　私は約30年間M&Aの世界に身を置いている。

　この間、国内外のさまざまな企業による多くの実例が積み上がり、今では連日のようにM&Aに関連する報道が飛び交っている。一方で、「M&Aってどんなこと？」と敷居の高さを感じる方も多いのではないだろうか。

　本シリーズはこの現状に一石を投じ、学生や新社会人からM&A業務の担当者、さらにアドバイスする側の専門家など、M&Aに関心のあるすべての方々にご活用いただくことを念頭に、「M&Aの民主化」を試みるものである。

　本シリーズの特徴は、第一に、読者が最も関心のある事項に取り組みやすいよう各巻を100ページ前後の分量に「小分け」にして、M&A全般を網羅している。第二に、理解度や経験値に応じて活用できるよう、概論・初級・中級・上級というレベル分けを施した。第三に、多岐にわたるM&Aのトピックを、プロセスの段階や深度、また対象国別など、テーマごとに1冊で完結させた。そして、この"レベル感"と"テーマ"をそれぞれ縦軸と横軸として、必要なテーマに簡単にたどり着けるよう工夫をこらしてある。

　本シリーズには、足掛け5年という構想と企画の時間を費やした。発刊に漕ぎ着けたのは、ひとえに事務局メンバーの岩崎敦さん、平井涼真さん、堀江大介さんのご尽力あってこそである。加えて、構想段階から"同志"としてお付き合いいただいた中央経済社の杉原茂樹さんと和田豊さんには、厚く御礼申し上げる。

　本シリーズがM&Aに取り組むさまざまな方々のお手元に届き、その課題解決の一助になることを願ってやまない。

シリーズ監修者　福谷尚久

はじめに

　近年、中小企業の中に後継者がいないという問題を抱える会社が増えてきました。中小企業白書でも、しばしば中小企業の後継者問題が取り上げられています。
　後継者がいないので廃業ということになれば、その会社に勤める従業員は仕事を失います。地域から、事業が1つ消えることになります。後継者がいない会社が次々と廃業することになれば、地域経済の衰退にもつながります。

　こうした問題を解決する1つの方法にM&A、すなわち他の会社に会社を継いでもらうというやり方があります。地方の中小企業でも、後継者問題を解決する方法として、徐々に認知されるようになってきました。M&Aは、大会社だけの話ではなくなってきました。

　ここ10数年の間に、中小企業の経営者の多くの方が、事業承継をM&Aで実現しようと考えるようになり、日本中でM&Aが活発に行われるようになっています。新聞紙上に登場するM&Aの情報はもっぱら上場企業のものですが、新聞に掲載されない小型のM&Aがその何十倍もあります。
　後継者問題の解決方法としてM&Aが認知されるようになったため、中小企業のM&Aを仲介する仲介業者が雨後の筍のように出現しています。こうした仲介業者が引き起こすトラブルを新聞で目にするようにもなりました。多くの経営者は、仲介業者から山のようなダイレクトメールを受け取られていることでしょう。

　後継者に悩む経営者の多くにとって、M&Aはおそらく人生で初めての経験でしょう。M&Aが一般的になっているといっても、経営者1人ひとりにとっては初めて経験することなので、何が正しくて何が正しくないのか判断するのは難しいと思われます。ダイレクトメールを開いてちょっとした興味から電話をすると、仲介者がやってきて、お宅の会社を買いたい会社があるのですとM&Aを勧めます。しかし、その仲介者が信頼できるか否か判断するのはなかなか難しいことです。M&Aについて豊富な経験を有している方なら、いくつか質問すれば仲介者の実力や信頼できるか否かがわかりますが、未経験者には大変難しいと思われます。判断を誤ると、新聞で取り上げられているようなトラブルに巻き込まれるかもしれません。

こうした懸念から、本書ではM&Aの初心者を対象として、M&Aについてわかりやすく解説しました。M&Aについて解説する書籍は書店に数多く並んでいますが、M&Aの専門家向けの書物であったり、事業承継問題をM&Aで解決することを勧めたりする案内書がほとんどで、M&Aのリスクやプロセスについて初心者向けに書いたものはあまり見当たりません。

　本書をお読みいただき、もやもやした不安が少しでも軽減されるなら幸いです。また、本書によってM&Aにご興味を持っていただけると幸いです。

株式会社TSKパートナーズ　田中佑児

目次

はじめに　3

第1章　中小企業のM&Aとは

　1　中小企業のM&Aが増えている ……………………………… 12
　2　中小企業M&Aの担い手は ……………………………………… 13
　3　M&A案件とは ………………………………………………………… 14
　4　上場会社のM&Aと非上場会社のM&Aの違い ………… 15
　　　Column　事業は売れるが家業は売れない　16

第2章　M&Aの売却ニーズ

　1　売却ニーズの背景 ……………………………………………………… 18
　2　後継者不在 ……………………………………………………………… 19
　3　連帯債務保証の解消 ………………………………………………… 19
　4　業績不振 ………………………………………………………………… 20
　5　事業発展への意欲 …………………………………………………… 21
　6　業界再編 ………………………………………………………………… 22
　7　株式公開困難 …………………………………………………………… 23
　8　廃業と営業権譲渡 …………………………………………………… 23
　　　Column　買い手はあなたを騙そうとしているのかも　24

第3章　M&Aの買収ニーズ

　1　買収ニーズの背景 ……………………………………………………… 28
　2　新規事業への進出 …………………………………………………… 29
　3　事業の拡大 ……………………………………………………………… 29
　4　業界再編 ………………………………………………………………… 30
　5　営業拠点や生産拠点の確保 ……………………………………… 30
　6　許認可の獲得 …………………………………………………………… 31
　7　人材の確保 ……………………………………………………………… 31
　8　資金運用の手段として ……………………………………………… 32

	9	親会社からの独立	33
	10	従業員によるオーナーからの独立	33
	11	個人による買収	34

第4章　M&Aのメリット、デメリット

	1	売り主のメリット	36
		(1) 株主の利益	36
		(2) 社長の連帯債務保証や担保提供の解消	36
	2	買い主のメリット	36
		(1) 未知の事業分野への進出リスクの軽減	36
		(2) 事業規模拡大のための時間と手間の節約	36
		(3) 経営資源の獲得	37
	3	売却された（買収された）会社のメリット	37
		(1) 後継者不在の問題の解決	37
		(2) 従業員の雇用維持	38
		(3) さらなる事業成長の可能性	39
	4	M&Aのデメリット	39
		Column ゴルフばかりしている社長の会社を買え!?　38	

第5章　M&Aのアドバイザー業界

	1	M&Aのアドバイザー	42
	2	金融機関のアドバイス業務	43
		(1) 証券会社	43
		(2) メガバンク	43
		(3) 地方銀行	43
	3	会計税務アドバイザリー会社のアドバイス業務	44
	4	独立系M&A専門会社のアドバイス業務	44
	5	事業引継ぎ支援センター	45

第6章　中小企業のM&A案件の進め方

1. M&A案件が成約するまでの流れ……48
2. アドバイザリー契約の締結……48
3. M&A業者の報酬体系……49
   - （1）着手金……49
   - （2）成功報酬……50
   - （3）成功報酬の計算方法……50
4. 売却会社に関する資料の入手……51
5. インフォメーションメモランダム（IM）の作成……52
6. 買い主を見つける……54
   - （1）買い主候補先をリストアップする……54
   - （2）買い主の関心度を探る……54
     - ①第1段階の情報開示　54
     - ②第2段階の情報開示　55
7. 買い主からの買収意思表示……55
8. 譲渡条件についての協議・交渉……57
9. 基本合意書の締結……58
10. デューデリジェンス（DD）……59
11. 譲渡契約……61
12. クロージング……62

第7章　中小企業のM&Aで知っておくべきこと

1. 仲介と利益相反の問題……64
   - （1）利益相反とは……64
   - （2）仲介とは……64
   - （3）仲介の問題点……65
2. クロスボーダー案件……66
3. M&Aの取引価格……67
4. M&Aにおいて取引価格は買い主が決める……69
5. 売ろうとしても売れない会社……70

	6	事業再生案件には手を出すな	70
	7	安い買収価格にはリスクがある	71
		Column 300万円で会社を買ったら、休日がなくなります！ 72	

第8章 株価評価方法

	1	株価評価方法の種類	74
	2	清算価値【コストアプローチ－1】	75
	3	時価純資産価値【コストアプローチ－2】	75
	4	再取得価値【コストアプローチ－3】	76
	5	収益還元価値【インカムアプローチ】	77
	6	類似会社比準価値【マーケットアプローチ】	78
	7	シナジーとは何か	79
		Column M&Aの仲介者は誰の味方？ 80	

第9章 M&A取引の種類

	1	M&A取引の種類	82
	2	株式譲渡	83
	3	第三者割当増資	84
	4	事業譲渡	85
	5	合　併	86
	6	共同持株会社	87
	7	合弁企業	88

第10章 事業承継問題

	1	中小企業のM&Aの大きな理由は事業承継問題	90
	2	事業承継のパターン	90
	3	親族への承継	91
		（1）子供への承継	91
		①子供への承継にあたり経営者が心配すること　91	

　　　　②社長としての適性判断と株式移動タイミング　92
　　（2）子供への引継ぎが困難な場合 ……………………………………… 93
　　（3）子供以外の親族への承継 …………………………………………… 93
4　社員への承継 …………………………………………………………… 93
　　（1）連帯債務保証の問題 ………………………………………………… 93
　　（2）株式譲受の問題 ……………………………………………………… 94
5　MBOという方法 ………………………………………………………… 95
6　廃業の防止 ……………………………………………………………… 96

おわりに　99

第 1 章

中小企業のM&Aとは

　本章では、わが国の中小企業のM&Aの状況について説明します。

1 中小企業のM&Aが増えている
☞日本のM&Aのほとんどは中小企業のM&A

　新聞紙面に掲載されるM&Aの記事のほとんどは大企業関連です。このため、M&Aは大企業のものと思っている人がいるようですが、新聞に載るM&Aはわが国のM&Aのごく一部です。実は、新聞に載らないM&Aのほうがはるかに多いのです。

　日本の法人の数は360万社ほどあるといわれています。中小企業庁のデータによると、中小企業の数は336万社です。99.7％が中小企業です。中小企業のM&Aの情報は新聞には載らないものの、数では圧倒的に多いのです（**図表1-1**）。

　中小企業でM&Aが増えている理由は、後継者問題です。中小企業白書では、毎年のように後継者問題が取り上げられ、後継者問題の解決方法としてM&Aを選ぶ経営者が増えています。

　M&Aという言葉がわが国で使われ始めたのは、1980年頃です。その頃は、大企業のものと思われていましたが、徐々に中堅企業や中小企業にも広がってきました。近年ではM&Aへの拒絶反応や抵抗感が薄れてきており、M&Aのアドバイスを行う業者も増えて、中小企業の社長のもとには、事業承継やM&Aに関するダイレクトメールが何通も届いています。書店には多くのM&Aの解説書が並び、事業承継問題をテーマとしたセミナーが各地で開催されています。こうした環境の変化が、中小企業のM&Aの増加をもたらしています。

図表1-1：日本のM&Aの当事者とM&Aの件数

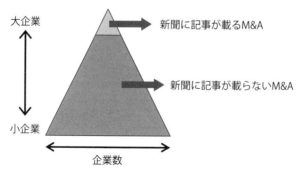

2 中小企業M&Aの担い手は

☞社長の後継者問題の相談相手は、金融機関と税理士が多い

中小企業の経営者にとって、経営の相談相手になる存在は、同じ経営者仲間、税理士、そして金融機関です。

図表1-2は、「後継者育成」、「後継者の選定」についての相談先を示しています。2016年の調査では、事業承継の相談相手として、顧問の税理士・会計士が最も多いようです。

経営者の高齢化にともない廃業するケースが増え、企業数が減少しているので（**図表1-3**）、中小企業を存続させるために、中小企業庁はM&Aを推奨しています。

図表1-2：後継者を決めている経営者が事業承継問題について相談した先

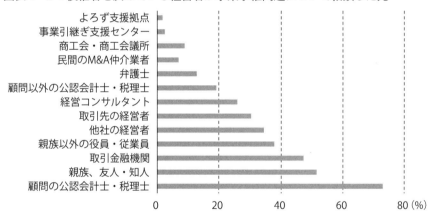

資料：中小企業庁委託「企業経営の継続に関するアンケート調査」（2016年11月）を編集加工、（株）東京商工リサーチ）

注）1．複数回答のため、合計は必ずしも100％にはならない。
　　2．ここでいう「経営コンサルタント」とは、中小企業診断士、司法書士、行政書士を含む。
　　3．それぞれの項目について、「相談して参考になった」、「相談したが参考にならなかった」と回答した者を集計している。

図表1-3:わが国の中小企業数の推移

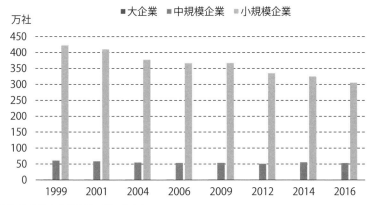

出所:2020年版中小企業白書のデータを加工

3 M&A案件とは
☞売りニーズより買いニーズのほうが圧倒的に多い

M&Aのニーズは、おおむね次の2種類に分けることができます。
　①売却しようというニーズ　⇒『売却ニーズ』
　②買収したいというニーズ　⇒『買収ニーズ』
　この2つのニーズのことを総称して、『M&Aニーズ』または『M&A情報』といいます。このニーズに基づいて相手企業を見つけようと活動を始めた場合、その情報を『M&A案件』と呼んでいます。
　金融機関が持っているM&A情報は、『売却ニーズ』の数よりも『買収ニーズ』の数のほうが多いのが一般的です。顧客の『売却ニーズ』が10件あるとすれば、『買収ニーズ』は100件をはるかに超えます。業績のよい会社であれば、ほとんどが『買収ニーズ』を持っています。『売却ニーズ』も潜在的には多いはずですが、1件M&Aが成功すると『売却ニーズ』が1つ消えますので、『売却ニーズ』はおおむね少ない状態です。『買収ニーズ』は1社買収したからといって十分とはならず、また違う会社を買収しようということになるので、あまり減りません。

4 上場会社のM&Aと非上場会社のM&Aの違い
☞ 中小企業では社長の一存でM&Aを決められる

上場会社と非上場会社（中小企業）とは、さまざまな点で違いがあります。M&Aに関係がある項目に絞って、その違いを**図表1-4**にまとめました。

図表1-4：上場会社と非上場会社の違い

事項	上場会社	非上場会社
株式売買の自由度	市場で自由に売買できる	一般に自由に売買できない 取締役会の承認が必要
株主数	多い	少ない
株主	株主の多くは一般の投資家で会社関係者は少ない	株主のほとんどは社長や会社の関係者
株価	市場で取引されているので誰でもわかる	市場で取引されていないので専門家に算出してもらわないとわからない
経営	株価に悪影響が出そうなことをやりにくい。株主を意識せざるを得ない	会社にとっていいと思えることを実行できる。株主のことをあまり意識しない。
会社売却の意思決定	株主に対する説明責任がある	社長の一存で売却を決められる

図表1-4に示したような違いがあるので、上場会社を買収する場合と、非上場会社を買収する場合とでは、その手続きに大きな違いがあります。一般に、非上場会社を買収するほうが面倒な手続きが不要といえます。

Column

事業は売れるが家業は売れない

「家業」という言葉があります。

デジタル大辞泉には、「①家の生計を立てるための職業。多く自営業についていう。②代々、その家に伝わってきた職業。また、世襲的に継承していく技術や才能」とあります。

その家で継いでいくべき仕事・芸事のようですね。どんな会社も、もともとは家業だったのかもしれません。それが大きくなって、家で伝承するレベルのものではなくなり、事業になる。ファミリービジネスという言葉がありますが、これは家業のことではありません。念のため。

"CoCo壱番屋"というカレーショップがあります。元は夫婦で始められたカレー屋さんだったそうですが、今では日本最大のカレーのチェーン店です。押しも押されもせぬ「事業」ですね。

さて、結論をいいます。家業は売れません。事業は売れます。

M&Aで会社を売ろうとする場合、「家業」なのか、「事業」なのかを判断してください。

他人または他社に今の仕事を引き継いでもらいたいと思うのであれば、「家業」を「事業」にしてください。赤の他人を雇ってください。給料を支払っている赤の他人の従業員数は、最低でも5人は欲しいところです。事業を引き継いでもらうためには、最低でもこの程度の社員数が必要になります。

第 2 章

M&Aの売却ニーズ

　本章では、売却ニーズが生まれる背景について説明します。売却の背景を知っておくことは、中小企業のM&Aを理解するうえで重要なことです。背景を知れば、案件の本質を把握できます。

1 売却ニーズの背景
☞売却する理由を知っておく

　売却を考えている会社の社長がなぜ会社を売却するのか、その動機や背景を知っておくことは重要です。M&Aの仲介を行う立場の人は、このことを知っておかないと、社長の相談に乗れません。

　『売却ニーズ』の背景は**図表2-1**のように分類できます。複数の背景が重複しているケースもあります。

　中小企業の場合は、売却理由のほとんどが「1 後継者不在」、「2 債務保証の解消」、「3 業績不振」です。

図表2-1：売却ニーズの背景

	背　景	内　　容	ニーズの主体
1	後継者の不在	後継者がいないので、やむなく他社に株式を売却し事業の承継を委ねることによって会社の存続を図る	中小企業
2	債務保証の解消	会社の借入に対する連帯債務保証から解放されることを目的として会社を売却する	中小企業
3	業績不振企業再生	業績不振あるいは資金不足のため、他社からの支援を仰ぐ、あるいは、倒産後に、事業の再建を目的として他社やファンドの支援を仰ぐ	すべての企業
4	事業発展指向	対外信用力の強化、事業の速やかな拡大などを目的として、有力企業などからの資本参加を受け入れる	中小企業
5	事業再編	業界の事業環境の悪化などを理由として、他社との間で本業や事業部門の統合を行う	大企業に多い
6	株式公開困難	株式の公開を目論んできたが、株式公開が困難になって売却する、あるいは、他社と大同団結して株式公開を目指す	中小企業
7	会社清算（廃業）	事業を終了し会社を清算するにあたり、利用価値の高い営業資産等を他社に譲渡する	中小企業
8	投資回収	出資している株主が投資資金を回収するために所有する株式を売却する （例）近年増えているバイアウト・ファンド	すべての企業
9	親会社のリストラ	親会社の事情（過大な負債を軽くするため、ノンコア事業の切り離しのためなど）で、子会社あるいは事業部門を他社へ譲渡する	大企業

2 後継者不在
☞後継者不在は中小企業M&Aの最大の理由

　中小企業で最もよく見られるのは、後継者不在を理由としたM&Aです。その名のとおり、後継者が見つからないので、事業を引き継いでくれる会社を探したいというニーズです。

　中小企業では、子供がいても後を継がないケースが増えています。その場合は他に継いでもらう先を探すしかなく、最後の選択としてM&Aが選ばれます。

　廃業を予定して事業を少しずつ縮小すれば、会社の価値は下がっていきます。会社は元気な状態で譲渡すべきであり、廃業モードに入る前の早い段階で、M&Aを選択できることが求められます。社長はもちろんのこと、会社の関係者一同にとって、廃業よりもM&Aのほうがメリットが断然大きいのです。後継者がいないからといって、廃業モードに入ってはいけないのです。

3 連帯債務保証の解消
☞M&Aは債務保証から解放してくれる

　多くの中小企業では、銀行からの借入金について、経営者個人が連帯債務保証をしています。

　経営者が若い間は、債務保証のことはあまり気にならないでしょう。しかし、経営者が70歳にもなると、業績に不安がなくても、「俺は借入のためにまだ社長を辞めるわけにはいかない」という気持ちになります。個人差はありますが、年齢とともに債務保証の問題は経営者に重くのしかかってきます。

　例えば次のような、社長が連帯債務保証をしている黒字の会社を想像してみましょう。

- ［会社の借入金が3億円］≒ ［所有不動産の時価＋現預金残高］
- 他の債権債務はほぼ見合っている

　業績が維持でき、息子が経営を継いでくれるなら、不安はないでしょう。ところが社長に後継者がいないとすると、話が違ってきます。社長が引退するには、

連帯債務保証から解放される必要があります。不動産を売却すれば借入金を返済できますが、不動産は事業に使われているため、不動産の売却は廃業を意味します。社員が職を失いますから、それはできません。

　人と違い、会社には寿命がありません。会社が続いている限り、運転資金や設備投資のための借入も必要になります。一方、社長には寿命があります。会社が存続している限り、社長個人は、連帯債務保証に終止符を打てません。寿命がない会社と、寿命のある社長との間に横たわる問題です。若いうちは気になりませんが、歳をとると大きな問題となります。

　筆者がお手伝いした中小企業のM&Aで、売主の社長から、次のような言葉を聞きました。「会社を大きくするには資金（借入）が必要だ。しかし自分はいつまでも経営できるわけではない。だから歳をとるにつれて会社の規模を縮小し借入を減らすしかない。社員がいるので会社を閉じるわけにはいかない。他方、自分の年齢とともに債務保証が重くなる。この重荷から解放されて、会社を続かせるにはM&Aしかない。」

　中小企業の社長がM&Aを選択する大きな理由の１つに、債務保証を抱えて引退できないということがあります。上場会社ではありえない理由です。

業績不振
☞スポンサーが付けば、経営改善されることも多い

　業績が悪化すると、経営者は不安になります。赤字の理由が明確で、容易に黒字化できる場合は問題ありませんが、そうしたケースは稀です。多くのケースでは改善がままならず、経営者自身が途方に暮れてしまいます。

　中小企業には、決算書づくりは税理士に任せっきりで、利益が出た、赤字だったと一喜一憂して、財務諸表を理解しない経営者がいます。利益が出ているときはいいのですが、業績が悪くなったとき、立て直すための方法がわかりません。財務諸表や毎月の試算表は、事業の変化を見つけるための資料ですが、これを活用せず、効果的な対策を打てずに頭を抱えるだけなのです。

　経営者が業績を改善できない場合は、スポンサーを見つけて、外部の優秀な経営者に経営を委ねるほうが、社員にとっても外部の利害関係者にとっても安心です（**図表２-２**）。

　スポンサー探しを必要とするような事業再生は、時間が勝負です。負債が一定

額を超えてしまうと、残された道は民事再生などの法的な措置しかありません。本当に企業を再生させたければ、金融機関をはじめとするステークホルダーと早いうちに情報交換し、再生方法について協議することが求められます。

図表 2-2：企業のライフサイクルとスポンサー導入のタイミング

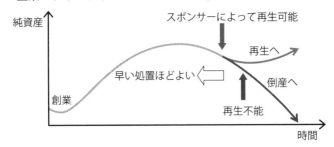

5 事業発展への意欲
☞中小企業には経営資源が不足。成長のための資本提携も考えよう

　事業発展を目的として会社を売ろうとする人は少数です。事業発展を目指すとは、どのようなことなのでしょうか。

　大企業であれば、開発部門、生産部門、営業部門があり、開発した新製品の販売戦略を立てます。中小企業の場合、よい製品を作ることができたとしても、それを売るための手段がわからず、無策のまま成長する機会を失ってしまうことがよくあります。中小企業に特有のこうした問題を解決する方法として、自社でできないことを補完してくれる会社と資本関係を持って業務提携するという手があります。そうすれば、事業の成長が見えてきます。

　成長するための提携を目的としたM&Aでは、一般に社長の持ち株をすべて売却するのではなく、増資による資本受け入れで、株主になってもらうという方法がとられます。相手先も、社長に抜けられてしまうと困るので、一緒に新しい事業を成長させましょうという意味で資本参加します。

　大企業は、1,000億円の市場には興味を持ちますが、50億円の市場には関心を持ちません。しかし、大企業は50億円の市場に向けて自分で商品開発はしないものの、中小企業から求められれば、ビジネス・パートナーになることを許容するようになってきました。50億円市場に自らの特許が役立つなら、特許権の使

用を認めるようにもなりました。自ら小規模市場の開拓はせず、開拓者に協力はするという態度です。

　他社から出資を受けたら社長の地位が脅かされるかというと、そんなことはありません。「われわれが力をお貸ししますから、社長が思う存分やってください」というケースがほとんどです。大企業は、中小企業を経営したいのではなく、事業が成長することを期待し、成功した場合はその分け前にあずかりたいのです。

　他社から出資を受ける場合、その金額が資本金を上回ることがしばしばあります。それでも（後述しますが）この場合の株価計算は、相続税評価ではありません。資本金1,000万円の会社が5,000万円の出資を受けても社長の持分シェア50％以上を維持できることもあります。

　自分の会社であることにこだわって「売上5億円、営業利益2,000万円」に留まるのか、他社と手を組んで「売上50億円、営業利益5億円」を目指すのか。前者では、社長が株式を100％持っていても株式価値は1億円前後。後者の場合、社長の株式持分が50％でもその価値は10億円を優に超えます。社長の年収、そして社員の意気込みも違うのではないでしょうか。

6　業界再編
☞ 地域経済の縮小には、企業統合が不可欠。大所高所からの考えを持とう

　大企業は、業界の前途が危うくなってきたときや、大きな発展を目指す場合に、合併や統合によって存続・成長を図ろうとします。たとえば、石油業界では、1980年代初めに17社あった元売り会社が、今は大手5社に集約されています。高炉を持つ製鉄業も5社あったのが3社になっています。

　一方、中小企業では、こうした業界再編的な動きがほとんどなく、地域を見れば、同じ事業を営む会社が何社もあり、これらが互いに顧客を奪い合っているケースが少なくありません。今日、人口減少の影響を受け、さまざまな業界が停滞もしくは縮小の傾向にあります。地域で5社が競い合っている状況を合併などによって3社にできれば、おそらく企業存続の可能性が高まるでしょう。統合で力がつくと、他の地域に攻め込むこともできるでしょう。

　大企業の場合、成長が衰えると、株主、アナリスト、金融機関などからさまざまな提案がきます。経営者は「うちの会社の問題だ。放っておいてくれ」などとは言いません。近年は、こうした声と真剣に向き合う経営者が増えてきました。

そして、必然的に「他社と大同団結するのがよい」という結論に至ります。

これに対して、中小企業の場合、会社に対して提案する外部者がいません。銀行は、取引先が立ち行かなくなったときに初めて重い腰を上げるのが常です。

生き残りや新たな成長のための、地域の中小企業の大同団結があって然るべきですし、筆者は今後、そういった方向に中小企業が進んでいくことを願っています。

7 株式公開困難
上場が無理なら、出資者に報いるためにはM&Aも大きな選択肢

上場を目指す会社の多くは、ベンチャーキャピタルから出資を受けています。ところが、上場を目指しても必ず上場できるとは限りません。上場が難航する場合、会社に投資してくれた人たちに報いるために、会社を売却するという選択肢があります。

経営者は、投資家への還元を忘れるわけにいきません。そこでM&Aによって、株主に換金するチャンスを与えるのです。若い経営者には、上場よりも売却のほうが容易なので、そちらを選ぶ人が増えています。

上場とは、「社長の会社ではなくなる」ということです。米国では、非上場会社のことをプライベート・カンパニー（private company）、上場会社のことをパブリック・カンパニー（public company）と呼んでいます。上場会社は社長の会社ではないということが、言葉からよくわかります。

欧米では、会社が上場できる規模になったら、「上場」と「M&A（売却）」を比較して、どちらがよいかを検討します。投資に対するリターンを得るという観点に立てば、株主にとって「上場」と「M&A」は同じことなのです。

8 廃業と営業権譲渡
廃業すると、資産価値は半値八掛けとなり債務を返済できないことも

引き継ぎ手のいない会社の場合、経営者が高齢になって経営できなくなると、廃業するしかありません。一般には、会社の資産を売却して債務を返済し、従業員への退職金を支払います。

廃業に向けて会社を清算する場合、資産の価値は大幅に目減りします。在庫は正規の価格で売れないでしょう。設備は売却できずに廃棄することもあるでしょ

う。土地だけが、簿価より高く処分できるかもしれない資産です。一方、負債は減りません。その結果、回収できる現金が少なくなり、すべての負債を返済できないこともあります。そうすると、個人資産にまで手をつけなければなりません。

　ここで、M&Aという方法を考えてみましょう。顧客との取引関係を他社に引き継いでもらい、それに対価を支払ってもらいます。顧客との取引という無形の資産は貸借対照表に計上されていませんが、取引関係が営業権として売却できれば、その分利益が生まれ、ゼロであった資産価値がプラスになります。そうすると、負債の返済に余裕が出ます。

Column

買い手はあなたを騙そうとしているのかも

　中小企業の社長は、従来、会社の借入について連帯債務保証をしているケースが多かったと思います。お金の貸し主である銀行からみれば、社長が連帯債務保証をするということは、社長が事業に真剣で責任を持っているという意思表示になります。

　M&Aで会社を引き継いでもらう場合は、前社長の連帯債務保証を解消し、買い手が代わりに連帯債務保証を引き継ぐか、あるいは買い手の責任で借入を返済します。

　ところが、買い手が、いつまで経っても連帯債務保証を肩代わろうとしない、銀行から借入返済を求められても返済しない、ということが稀に起きます。

　近年、この問題が新聞などでも記事になっていました。

　そんなウソつきの買い手を信用して会社を売ろうとした社長が悪い、という論調があります。売り主の自己責任なのでしょうか。

　会社の買い手というのは、それなりの資産背景を持った会社だと思いますよね。そして、M&A仲介会社が紹介してきた買い手なら、そうした信

社員は引き継がなくてよい、負債も引き継がなくてよい、営業資産だけ引き継いでほしい、というと買主も気が楽になります。売上が1億円の場合、引き継げば、何もせず1億円の売上を獲得できます。その対価として、たとえば2,000万円払うというのは、十分合理的な話です。

　会社としてまるごと引き受けるのは大変だ、というケースは多いでしょう。営業権だけなら買ってもよいという買い主はいます。廃業を考えている場合は、こうした取引を考えてみるのもいいでしょう。

用のできる買い手である、と思うのが普通でしょう。

　でも、実はM&A仲介会社には注意が必要です。「本当のプロ」なら当たり前のことを知らない「自称プロ」が、この世界にはたくさんいます。これを見分けるのは、素人の「社長」には大変難しいことです。

　買収意欲のある会社は、M&A仲介会社に買収ニーズを伝えます。M&A仲介会社がまともなら、買収ニーズを言ってきた会社が信用できる会社なのかを、まず調べます。でも、それをしない自称プロが多いのです。金融機関であれば、取引先の買収ニーズを聞いて買収する力があるのかを判断できます。ところが、取引先を持たないM&A仲介会社は、この確認ができていないところが多いのです。

　そうすると、売り手はどうすればよいのか？　誰を信用すればよいのか？

　M&A仲介会社に会社の売却を依頼する場合には、紹介された買い手の「信用調書」をもらってください。それから、買い手の会社を必ず訪問してください。そうすることで、「買い手」の実力を知ることができます。

第 3 章

M&Aの買収ニーズ

　本章では、「買収ニーズ」の背景について説明します。優良企業のほとんどが「買収ニーズ」を持っていますが、その意図するところはさまざまです。背景をよく知って、中小企業のM&Aを理解しましょう。

1 買収ニーズの背景
☞買収する理由も知っておく

　事業意欲が旺盛な社長であれば、ほとんどの方が、他社を買収して事業規模を大きくしたいという"野望"を持っています。高度経済成長期のように、普通に事業をやっていれば、会社が成長していくという時代は過ぎ去りました。買収や合併しないことには、事業は容易に拡大しません。そこで、多くの経営者はM&Aを強く意識するようになりました。

　『買収ニーズ』の背景は、**図表3-1**に示すように分類できます。

図表3-1：「買収ニーズ」の背景

背　景	内　　容
1．新規事業進出	①市場の成熟化にともない、事業が頭打ちになってきている ②会社として新たなビジネスを模索している ③社内に余剰人員を抱えており、その対策が必要になっている ④資金力が豊富であり、将来性のあるビジネスへの投資を求めている
2．事業拡大	①他社と激しい競争をしており、シェアの拡大が大きな課題となっている ②自社で新規事業をスタートしたが、拡大するのに時間がかかりそうな状況である
3．業界再編	①属している業界全体が停滞しており、再編が必要である
4．営業拠点や生産拠点の確保	①生産量の増大にともない、工場が手狭になってきている ②取引先や市場の近くで生産するほうが、物流コストが軽減できる。また、取引先のニーズに迅速に対応できる ③物流のための拠点が必要である ④市場の拡大にともなう生産量増大が近い将来見込める
5．許認可の取得	①進出したい新しい事業分野において、許認可が必要である ②事業の展開のため、許認可が必要である
6．人材の確保	①優秀な技術者や営業マンが不足している
7．投資として	①会社を買収した後、経営を改善し会社の価値を高めて、その後に上場、あるいは他社に売却し、投資を回収する ②期待する利回りはおおむね15％以上
8．親会社からの独立	①親会社からの指図を受けたくない、親会社と事業内容が異なっているため親会社の理解が乏しい、などの理由を背景として、親会社からの独立を企図する
9．オーナーからの譲り受け	①創業家が経営に関わっていない状況であるため、将来株主の権利を持ち出されては困るので、株式を買い取っておきたい
10．個人による買収	①後継者のいない会社を、個人として引継ぎ成長させたい ②中小企業の経営者になりたい

2 新規事業への進出

☞ 新規事業分野は事業の種類だけある

　新規事業への進出を目的としている場合、「面白そうな売り案件があれば、なんでもいいから紹介してほしい」という人が多いのです。自社でやっている事業以外はすべて新規事業ですから、新規事業のネタは数限りなくあります。

　しかし、自社の事業と距離の離れすぎている事業だと、自社の経営資源を活かせません。新規事業といっても、自社の経営資源を活かせる事業こそが、意義あるM&Aになります。飲食店を営む会社が半導体メーカーを買収してもシナジーはないでしょう。

　飲食店であれば、人気メニューを加工食品として販売するというのは新規事業といえます。そうすると食品加工会社を買収することは、戦略的といえるかもしれません。漁業や農業への進出も、食材と結びつきます。経営資源が活かせる新規事業と考えると、自然に焦点が絞られてきます。

　どの新規事業が自社の経営資源を活かせるのかを考えるのは、経営者の仕事です。社長によって考え方も違うでしょう。アナログ写真時代のフィルムトップメーカーであった富士写真フィルムとコダックをみると、前者はフィルム技術を活かして新しい分野に進出し転身を図りましたが、後者は倒産してしまいました。

3 事業の拡大

☞ 事業拡大には同業他社の買収が手っ取り早い

　自社の事業を大きくする最も手っ取り早い方法は、同業他社を買収することです。大きな経済成長が期待できない今日、競合相手とパイを取り合っても、成果は微々たるもの。このため、同業他社を自社に取り込むわけです。大企業も、国内市場の拡大が難しいとみて、活発に海外企業を買収しています。

　事業拡大のための買収ニーズは多いのですが、同業他社も同じニーズを持っているので、売却会社が出てきた場合は、複数の買主の間で取り合いになります。

　売却会社の話が出てくる前に、自ら対象先を決めて、「貴社を買収したい」と名乗り出るのもよい方法です。「当社が買収した場合、これだけのシナジーが生まれて、貴社にも大きなプラスがある」と買収（統合）の意義を訴えます。シナジーを十分考慮して買収価格を提示すると、相手先が応諾することもあります。

相手先にとっても、シナジーが大きく、自社の将来にとってもよい相手をパートナーに選ぶのは当然のことです。

買収の提案を受ける会社は、一般によい会社です。他社から買収提案がきたら、「当社は世間ではよい会社だと思われているのだ」と自信を持つとよいでしょう。

業界再編
☞業界が衰退し始めると、業界でM&Aが増える

業界再編の動きは、市場が縮小しはじめると増加します。業界内の競争が激しくなったときも増加します。買収、売却、合併などさまざまな形態があります。近年特に多いのが、持株会社の設立です。持株会社の下に2社が入り、1つの企業グループになるというスタイルが増えました。

たとえば石油業界では、国内の自動車保有台数が頭打ちになり、燃費がどんどん良くなるために、ガソリンが売れません。そのためガソリンスタンドの閉店が進み、元売りは需要の減少に対応するために同業他社との統合を繰り返しました。また、地方銀行同士の統合も頻繁に起きています。大銀行では、すでに業界再編が片付きました。どの業界でも、大会社ほど先手を打って統合を進める傾向があります。

海外では、製薬会社のM&Aも盛んです。新薬の開発には多額の資金が必要になります。いくつもの会社が同じ効能の新薬開発のために資金を無駄使いするのではなく、統合して会社の規模を大きくし、新薬開発にかかる費用の総額を減らしたいというのが狙いです。

国内には、人口の減少ともあいまって、事業が右肩下がりになっている業界がいくつもあります。こうした業界では、これからもM&Aが繰り返されると思われます。

営業拠点や生産拠点の確保
☞新規工場を建設するよりも、M&Aで工場を手に入れるほうが楽

新規に営業所を作る、あるいは工場を建てるには、土地の確保、建物の建設、人員の確保が必要となります。従業員にも、日本中どこにでも行きますという人もいれば、家族の都合で動きたくないという人もいます。新しい拠点を稼働させるには、現地で人を採用せざるを得ません。

これを、企業買収によって実現できるなら、手間が省けます。すでに稼働している企業を買収できれば、工場も従業員も確保できます。不足する設備があれば、補充すればいいのです。もちろん、目的に合った工場でなければなりませんが。

このように、工場と人の獲得を目的としたM&Aもよくあります。昔は、自力で新規工場や拠点を作り、事業を拡張したものですが、今は稼働中の工場や会社を探し、よいところがあれば買収するという考えが普通になっています。後継者難でいずれ廃業しようと思っている会社や、事業が低迷していて売却したいと思っている会社がどこにもあります。撤退を考えている海外工場を譲り受けるケースもよくあります。

許認可の獲得
☞許認可の取得を目的としたM&Aもある

国や自治体の許可を得なければできないビジネスがあります。古くは、酒の製造や販売には許可が必要でした。金融業を営むにも許可がいります。

新たに許認可を得るのが面倒なので、その分野でビジネスをしている会社を買収することによって業界に参入するということが行われます。

少し古い例ですが、ソフトバンクは通信とは無縁の会社だったのですが、ボーダフォンを買収することによって、通信業界に参入しました。いまや誰もが、ソフトバンクは大手通信会社の1つだと思っているでしょう。ただし、ソフトバンクは許認可欲しさにボーダフォンを買収したわけではないと思いますが。

許認可が必要な業種に属している会社で後継者がいない場合は、売却情報を出したとたんに、買収したいという会社がたくさん現れます。

人材の確保
☞人材を獲得するためのM&Aもある

会社で事業を遂行するのは人です。会社(事業)が大きくなるには、人が必要です。しかし、誰でもよいというわけではありません。急いで事業を強化したい場合は、即戦力となる人材が必要です。

たとえば、AIを開発するための人材がほしくても、世の中でそのような仕事に就いている人は決して多くないため、好待遇を提示して他社からほしい人材を引き抜くしかないでしょう。

31

しかし、見方を変えて、AIを開発している会社を買収することができれば、問題が解決します。あるいは、AI開発会社に出資して、協力関係を構築することもできます。そうすると、開発しようとしていたAIを、その会社で開発することもできるでしょう。自社からAI技術者を派遣することも可能です。

要するに、AIを開発するという目的があるとき、それをどのように実現するかということです。人材採用による自社開発もできるし、同じ開発テーマを持つ他社との共同開発もできるでしょう。後者の場合は、単純な提携、出資、買収など、さまざまな方法があります。

大企業が中小企業に資本参加する多くのケースは、こうした狙いが背景にあります。

8 資金運用の手段として
☞ 中小企業の後継者問題の受け皿としてファンドが活躍し始めている

投資家や金融機関から資金を集め、集めた資金の運用を目的として企業を買収するファンドが増えています。

運用手段として非上場会社の過半数株式を取得するのは、経営に参加して会社の価値を高めるためです。経営参加による価値増大を企図するファンドを、プライベート・エクイティ（PE）と呼びます。ファンドは企業を買収（企業に投資）した後、約束した運用期間が経過すると、株式の売却によって投資した資金を回収し、資金の提供元に還元します。永久に株式を持ち続けるのではありません。

資金を預かって運用するので、当然利回りの高さが求められます。そのためには、買収したときよりも株式を高く売る必要があります。そこで会社の価値が増大するよう経営に参画し、改革、改善するのが一般的です。運用成績の悪いファンドには資金が集まらず、ファンドのビジネスを継続できなくなります。

大会社に投資するファンドもある一方で、売上が10〜20億円程度の中小企業に投資するファンドもあります。こうしたファンドは、中小企業の後継者問題の受け皿として機能しています。後継者に悩む社長が、「競合他社には売却したくない」、「社員に引き継ぎたい」、「さらなる成長を目指してほしい」といった気持ちを持っている場合に、ファンドへの売却が選択肢となります。

近年は、中小企業において不足している経営資源（開発力、営業力など）を提供し、中小企業をさらに成長させようとするファンドが増えてきました。

9 親会社からの独立
☞自分たちで会社を経営したい場合、会社を買い取るケースが出てきた

近年、大企業は、成長性の乏しいビジネスや、競争が激しく利益の出ないビジネスを、ノンコアビジネスと位置づけるようになりました。

ノンコアに指定されると、成長資金が投入されなくなります。ノンコアと位置づけられた事業部門に従事している人たちにしてみれば、業界の中で下位に甘んじているのは、成長の機会を潰した会社に責任があるのだ、という思いもあるでしょう。

こんなとき、当該ビジネスを率いる気骨ある部門長が、会社がそういう考えならば、会社から独立して自分たちの会社として運営していこうと立ち上がることがあります。

こうしたケースでは、前述した投資ファンドの支援を得て、部門長が事業部門を買収することになります。近年、意欲のある人に事業部門を任せてしまうのがよいと考える大会社も出てきています。

同じことは、親会社の業績不振の場合にも起こります。部門を売却して、資金を回収したいというケースに、部門長が当該部門を買い取ります。このようなM&Aのことを、MBO（Management Buy-out）といいます（第10章5節参照）。

10 従業員によるオーナーからの独立
☞従業員がオーナーの事業承継を解決する方法がある

非上場会社では、社長に子供がいない場合に、株式を他社に売って会社の存続を図るケースが増えています。幹部社員の中に、他社には売らないでほしい、自分たちに任せてほしいという意欲のある人がいた場合、その人に株を譲渡できれば、事業承継の見本のようなケースになるでしょう。こうしたケースが、オーナーからの独立です。

問題は、株式を買い取る資金を幹部社員が持ち合わせていないことです。優良会社の場合だと、全株式の価値が10億円以上になることもしばしばあります。普通の人では、この資金を出すのは無理です。そこで、銀行やファンドから資金を調達して、買い取れるよう工夫をします。前節の大企業からの独立と同じ方法です。

11 個人による買収
☞個人が企業を買収できるようになった

　中小企業の場合、株式の価値が1億円以下ということはよくあります。赤字会社の社長が、根拠なく「1億円で売りたい」と思っても無理ですが、専門家が評価して1億円という場合、これを個人が買い取るケースが出現しています。普通のサラリーマンが、株式取得のための1億円を調達するのは無理だと考える人は多いのですが、決して無理ではありません。もちろん、誰にでも可能かといえば、そうではありませんが。

　有能でやる気のある人が中小企業を引き継いだ場合、その会社が大変身する可能性があります。こうした変身を「第二創業」と呼びます。

　中小企業が中小企業を買収しても、うまく経営できるとは限りません。1人の社長が2つの会社を経営するのは容易ではありません。有能な個人が会社を引き継いだ場合、その人は経営に全力投球できます。優秀な人材を誘って経営に参加してもらうこともできます。そうした意味で、大変身の可能性があります。

　個人が買収する場合は、株式買収価格が5,000万円以上のケースをお勧めします。個人による買収は、会社による買収と異なる点が多いので、別のところで説明したいと思います。個人M&Aの解説書には間違いが多いので、注意が必要です。

第 4 章

M&Aのメリット、デメリット

　本章では、M&Aを実行する当事者（売り主、買い主および会社）、およびその利害関係者（銀行）のメリットとデメリットについて説明します。

1 売主のメリット
☞M&Aで社長は大きな金銭メリットを得、債務保証と担保も解消される

(1) 株主の利益
　中小企業の場合、会社の大株主は一般に社長です。社長は、株式を売却することにより、大きな利益を得ることができます。非上場会社の社長がM&A以外の方法で同等の金銭的メリットを得られることはほとんどありません。M&Aが行われると、社長のみならず、すべての株主がメリットを得ます。

　ただし、外部株主が株の過半数を持ち社長の持ち分が少ない場合は、株式の売買だけでは社長が十分なメリットを取れないことがあります。そうした場合は、社長の退職金を増やすことによって、相対的に社長のメリットが増えるようにします。

(2) 社長の連帯債務保証や担保提供の解消
　中小企業では、しばしば社長が連帯債務保証し自宅を担保に差し出しています。M&Aを実行すると、これらがすべて解消されます。たとえ株式が高く売れなくても、社長は肩の荷を下ろすことができます。社長にとっては大きな意味があります。

2 買い主のメリット
☞M&Aは小さいリスクで新規事業に進出でき、時間と手間が省ける

(1) 未知の事業分野への進出リスクの軽減
　買い主は、現に存立している事業を獲得して、新規事業に踏み出せます。自力で新規事業を始めるよりも、失敗するリスクを大幅に減らすことができます。未知の事業領域に進出するには、時間とコストがかかります。成功する保証はありません。M&Aは、この問題を解消してくれます。

(2) 事業規模拡大のための時間と手間の節約
　年間の売上が50億円前後で推移している衣料品の小売業が、売上を100億円に伸ばしたいと思っても容易ではありません。しかし、50億の売上の会社を買収あるいは合併すれば、一夜にして100億円の売上の会社にできます。このた

め、M&Aに関心を持つ経営者が多くなりました。実際に、M&Aによって事業規模を拡大している会社が増えています。

今日、自力でどこまでも成長できる時代ではありません。M&Aが不可欠になっています。

M&Aによって事業を拡大した会社の例としては、ニデック、ソフトバンク、イオンなどがあります。

(3) 経営資源の獲得

経営資源には顧客、製造ノウハウ、技術開発力、人材などさまざまなものがあります。自社に不足している経営資源を持っている会社を買収すれば、それを補うことができます。

メーカーは常に新しい製品を生み出さねばなりません。そのためには、新製品開発のための技術やノウハウが必要です。韓国大手のポスコ製鉄所が、日本製鉄の持つケイ素鋼板製造技術を盗んだという事件がありましたが、競争関係にある企業では、競争相手の技術を盗みたいという誘惑にかられます。合併あるいは買収すれば、こうした技術ノウハウを合法的に取得できます。

A社に対して何度営業活動しても取引ができない場合に、A社に対して口座を持っている会社を買収すると、それまでの苦労が一夜にして解消されます。

このように、M&Aが成功すると、事業に欠かせない経営資源を獲得することができます。

3 売却された（買収された）会社のメリット
☞後継者問題解消、雇用維持、事業発展可能性など、売却会社のメリットは多い

(1) 後継者不在の問題の解決

買い主から新社長を迎えることができれば会社の存続がほぼ確実になるので、従業員や取引先にとっては安心です。

ただし、会社の売却後しばらくは前社長が新社長をサポートする必要があります。前社長は一定の期間、会長や顧問などの形で残るのが普通です。

前社長にやる気があれば、しばらくの間社長を続けてもらうこともあります。たとえば会社を売却した年齢が60歳なら、体力的にはまだまだ経営できます。業績がよければ、買い主としては、社長を交代させる理由はありません。財務を

みる担当役員を送り込んでお金を管理し、前社長に社長を続けてもらうことはよくあります。

(2) 従業員の雇用維持

M&Aでは、従業員全員の雇用が守られます。「従業員のAさんとBさんは、退職してください」ということはありません。雇用条件（給与や待遇）も維持されます。もし、従業員の削減や給与のカットを買い主が要求してきたら、そうした相手との交渉は止めるべきです。

ただし、業績が悪化して他社の支援がなければ再生できないケースでは、会社を維持再生するために退職者を募ることがあります。それでも、複数の買主と交渉することによって、全員雇用するという条件を引き出せることもあります。確かなことは、1社とだけ交渉していると、相手の言いなりになるしかないということです。

Column

ゴルフばかりしている社長の会社を買え!?

中小企業の社長の中には、ゴルフが大好きな方がいらっしゃいます。中には、平日でも、会社を社員に任せてゴルフに行っている社長がいます。

その昔、筆者がM&Aを手伝った社長が言っていました。「ゴルフがシングルの社長の会社は、経営が傾くことが多い」と。

逆に言うと、社長のゴルフの腕前がシングルでも、会社がうまくまわっている会社は、絶対に"お買い得"です。というのは、社長が平日ゴルフをしていても、社員の方々で会社がうまく運営されているからです。こうした会社を買収すると、買収後に会社を立て直す必要はなく、時間をかけながら社員との関係を作っていけばいい。社員に対して、「ああしろ、こ

(3) さらなる事業成長の可能性

一般に、買い主は売却会社よりも規模が大きく、資金余力のある会社です。このため、M&A後に売却会社の信用力は高まり、ビジネス領域や取引規模を拡大することができます。また、買い主から技術面や営業の支援を受ければ、成長力が増します。実際に他社の傘下に入って、事業を拡大した会社はいくつもあります。これこそが、M&Aが成功したケースだといえます。失敗したM&Aの数は成功よりも多いといわれているので、よい買い主を選ぶことが大切です。

M&Aのデメリット
☞実行したら元には戻れず、買収金額以上の損失が出ることもある

M&Aの成功とは、「売り主と買い主との間で取引が実行できたこと」ではありません。本当の成功とは、M&A実行後に、買収された会社の業績がよくなることをいいます。

うしろ」という必要がありません。こんなに楽なことはないのです。

ただし、こうした会社の買収価格は高いことが多い。でも、社員の方々がうまく機能して利益を生み出せているなら、価格の高さは見合っている可能性があるのです。価格が高いのは、利益が出ているということです。

買収の一番の妙味は、買収後に味付けを変えて、さらに"うま味"のある会社にすることです。組織が機能して、うまく運営されている会社に、新しい経営者が秘伝のたれを加えることが、中小企業M&Aの妙味といえます。

M&Aの失敗とは、買収した会社がうまく経営できずに倒産したり、買い主の足を引っ張ったりするようなことをいいます。倒産までいかなくても、想定したメリットを発揮できない場合も失敗といえます。
　失敗事例は書ききれないくらいあります。よく知られている事例として、次のようなものがあります。
① インターネット総合研究所がIXIを買収後に、IXIが行っていた循環取引が発覚し、インターネット総合研究所は民事再生を申請【2001年～2002年】
② 東芝が米国のウェスチングハウス社を買収後、原子力発電事業が不振になり、大きな損失を計上。医療事業を売却せざるを得なくなる【2006年～2016年】

　M&Aを一度実行したら、後戻りはできません。失敗だったとわかると、事業を閉鎖するか、他社に転売するしかありません。失敗の影響を被るのは、買い主です。売り主は売却してしまったら、責任はなくなります。失敗したことを買い主はあまり表に出さないので実態がわかりませんが、買収した会社をうまく経営できずに困っているケースが実は多いのです。米国では、過半数が失敗だという報告もあります。
　昔は、同業他社を買収する場合、買い主が、相手のことはよくわかっていると言って十分な調査をしないことがよくありました。こうしたM&Aに限って後になって問題が発覚したケースが多く、このような経験を踏まえて、今ではきちんとデューデリジェンスを行う買い主が増えました。

第 5 章

M&Aのアドバイザー業界

　本章では、日本でアドバイザーとして活動している機関について説明します。アドバイザーによって顧客層や案件規模が違います。

1 M&Aのアドバイザー
☞FAと仲介機関の違いを理解する

　顧客に代わって相手先と交渉しM&A案件をまとめる役割を担う人をフィナンシャルアドバイザー（FA）といいます。FAは、買い主または売り主の代理人として相手と交渉する人（M&Aの交渉人）と位置づけられます。売り主と買い主の間で仲介をする人のことは、FAとは呼びません。

　わが国では、FAと仲介とを区別しない人や理解していない人が多く、両者をまとめて「仲介」と呼んでいる文章をよく見ますが、これは間違いです。

　以下、混乱を招かないように、本書では両者を総称する場合はM&Aの「まとめ役」という呼称を使います。「アドバイザー」の呼称は、フィナンシャルアドバイザーに対して使うことにします。M&Aの「まとめ役」の機能を担っている機関は、**図表5-1**に示すとおりです。

図表5-1：M&Aのまとめ役

1）金融機関 　・外資系金融機関 　・証券会社 　・メガバンク（三菱東京UFJ銀行、三井住友銀行、みずほ銀行） 　・信託銀行 　・地方銀行 　・信用金庫、信金中金 　・政府系金融機関（日本政策投資銀行、商工中金）
2）会計・税務アドバイザリー会社 　・KPMG、デロイト・トーマツ、PwC、アーンスト&ヤング、名南経営、AGSコンサルティング、山田アンドパートナーズ、みらいコンサルティング、他多数
3）独立系のM&A仲介機関 　・上場会社：日本M&Aセンター、M&Aキャピタルパートナーズ、ストライク、M&A総合研究所、オンデック 　・非上場会社：レコフ、他多数

2 金融機関のアドバイス業務

☞金融機関のアドバイザリー業務はさまざまで、業態による違いがある

(1) 証券会社

　大手の証券会社は、1980年代からM&A業務に参入し、主として上場会社と、非上場会社の中で比較的規模の大きな会社へのM&Aのアドバイス業務を行っています。大手証券会社は「仲介」ではなく「アドバイザー」の仕事を行っています。

　上場会社のM&Aは、当事者同士がOKであれば取引できるというものではありません。上場会社がM&Aを検討中という情報が漏れると、インサイダー取引につながるため、交渉中は内密にしておき、交渉が妥結した時点で開示します。取締役には、M&Aの実行について、株主への説明責任があり、その他注意すべきことが山のようにあります。証券市場（不特定多数の株主）に気配りしながらM&Aを進めなければなりませんので、証券会社がまとめ役となるのが一般的です。

(2) メガバンク

　メガバンクは、昔の都市銀行が合併したものです。都市銀行のほとんどは1980年代からM&Aのアドバイス業務に参入しています。店舗が全国にあるので、取引先は全国に広がっています。これらの取引先の売却ニーズと買収ニーズに対応しています。

　メガバンクは同じグループに証券会社を抱えています。三菱東京UFJ銀行は三菱UFJモルガン・スタンレー証券、三井住友銀行はSMBC日興証券、みずほ銀行はみずほ証券という具合です。各銀行グループは、銀行と証券会社の両方でそれぞれM&Aのアドバイスを行っています。一般に、銀行では取引先に関わるM&Aのうち非上場会社の案件を、証券会社では上場会社の案件を扱います。海外企業と日本企業のクロスボーダーM&Aは、主に証券会社が担っています。

(3) 地方銀行

　地方銀行の場合、取引先の多くが県内の中小企業で、事業承継問題の解決のために、重要な役割を担っています。

　M&A業務のスタイルは銀行によってさまざまです。M&A業務をM&A専門業者

やコンサルティング会社に委託し、自らは案件を見つける仕事だけをやっている地方銀行がかなりあります。

M&A業務を行う銀行でも、大手証券会社やメガバンクのM&A業務とは異なり、多くが売り主と買い主の「仲介」を行っています。地方銀行にはM&A実務の経験者が少ないため、M&Aへの取り組み姿勢も玉石混交です。

3 会計税務アドバイザリー会社のアドバイス業務
☞監査法人系のグループ会社は監査もできる

会計税務関係の会社でM&A業務を手がけるところが増えています。大手監査法人はM&Aでも長い業歴を持っています。KPMG、アーンスト・アンド・ヤング（EY）、デロイト・トーマツ、プライスウォーターハウス・クーパース（PwC）などは監査法人とは別にアドバイザリー会社を設けて、ここでM&A業務を遂行しています。クロスボーダーの案件にも対応しています。

いずれも、グループに監査法人があり、その顧客がいますので、顧客がM&Aを手がける場合に、アドバイスを行っています。アドバイスとデューデリジェンスの両方を行えるのが特徴です。監査法人の顧客以外のM&Aについても、依頼があればサポートしています。

一方、国内だけに的を絞った会計税務コンサルティング会社もあります。従来は、M&Aの仕事の中でデューデリジェンスの業務を担っていましたが、近年アドバイス業務に進出するところが出てきました。メガバンクや地方銀行と連携しているところもあります。

会計士や税理士から構成される会社ですので、M&Aにおいて欠くことのできない会計・税務面の分析に優れています。

4 独立系M&A専門会社のアドバイス業務
☞独立系M&A業者は玉石混交

M&Aのアドバイスは、資格や許認可が不要ですから、M&A経験の有無は問われず、誰でも開業することができます。こうした背景の中で、大手金融機関やコンサルティング会社でM&Aの仕事に従事した人、企業経営者との人脈を持つ人などが起業し、近年、独立系のアドバイス会社が続々と誕生しています。

人脈を基盤に起業した場合などは、個人のネットワークで仕事をするため、大

きな組織を必要とせず、こじんまりした会社が多いのが特徴です。設立の背景がさまざまであるため、M&A専門業者は、組織の大きさや保有するM&Aノウハウも千差万別です。知り合いの社長の会社の売却情報を、M&A専門業者に流しているブローカーもいます。

独立系M&A専門会社の悩みは、売却案件の情報が少ない点です。金融機関や監査法人は、経常的な取引を通じて、経営者から直接相談を受ける機会がありますが、独立系のM&A専門会社は、こうした機会がほとんどありません。そこで、多くの独立系の会社は、銀行や弁護士・会計士・税理士との情報交換によって、間接的にM&Aの情報を入手したり、社長にダイレクトメールを発送したりしています。銀行と共同で集客し、M&Aのセミナーを開いているところもあります。M&A業務を全面的あるいは部分的に外部に依存している地方銀行も多いので、そうした銀行とは互恵関係にあります。

独立系のM&A専門会社には、売り主・買い主の双方から手数料を得ているところが多く、大手金融機関等でM&Aを経験したメンバーから構成されている専門業者を除けば、概してコンプライアンスの意識が低いように思われます。もっぱら中小企業の仲介を行っているので、当事者が納得しさえすれば問題が起きないことがその理由です。とはいえ、最近こうした業者が仲介した案件で、トラブルが多発しているようです。

独立系のM&A業者は、仲間うちでは認知されていても、知名度は決して高くありません。そのため、顧客からの信用を得るのに苦労します。会社の信用力や知名度ではなく、アドバイス業務を担当する個人のキャリアや能力が、顧客から信用を獲得するための鍵となっています。

5 事業引継ぎ支援センター
☞事業引継ぎ支援センターは全国にあるが、成果が乏しい

後継者問題を抱える中小企業の事業を引き継いでもらうことを目的として、全国の自治体に事業引継ぎ支援センター（以下、「支援センター」といいます）が設立されています。

手数料の支払能力の問題で地方銀行が取り組めない小さい会社や、銀行に相談することを嫌う社長が、相談に来ているようです。相談を受けたものの、買い主を見つけることができなかった地方銀行が、支援センターに情報を流すこともあ

るようです。

　支援センターでは、M&Aのアドバイス業務は行いません。買収ニーズを登録している買い主とお見合いをさせるだけです。お見合いをして双方が気に入ったら、支援センターは専門のアドバイザーを紹介し、以後はアドバイザーの手に委ねられます。ただし、顧客が手数料の支払いを拒んだら、アドバイザーは付きません。その場合は、当事者が自分でM&Aを進めるしかなく、両者が合意に至るのは難しいだろうと思われます。

　このため、支援センターでは、なかなかM&Aの実績が上がらないようです。

第 6 章

中小企業の
M&A案件の進め方

　本章では、中小企業のM&Aがどのように進んでいくのかについて説明します。このプロセスを知っておくことは、全体像をつかむうえでも役に立ちます。

1 M&A案件が成約するまでの流れ
☞M&Aのプロセスを理解する

売却したい会社はまずアドバイザーを起用して、売却準備を整えます。その後、M&Aの一連のプロセスがスタートし、概ね**図表6-1**に示すフローにしたがって進められます。この流れは、どのようなM&A案件でもほぼ同じです。

図表6-1：中小企業のM&Aにおける一般的なフロー

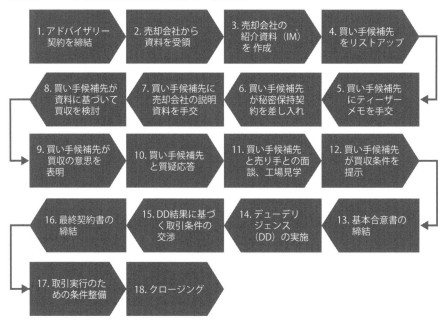

以下では、図表6-1に沿って、その意味を説明します。

2 アドバイザリー契約の締結
☞アドバイザリー契約は、アドバイス業務を始める前に締結する

アドバイザリー契約とは、売り主とM&Aアドバイザーとの間の業務委託契約です。アドバイザリー契約書では、**図表6-2**に記す事項を規定します。

図表6-2：アドバイザリー契約において定めること

①M&A業者が行う業務の内容
②M&A業者が得る報酬の金額と支払の時期
③M&A業者が役務を提供する期間
④M&A業者に課せられる秘密保持義務
⑤その他、M&A業者の立場（仲介か、売主側か）、など

　アドバイザリー契約は、アドバイザリー業務を受託する前に契約するのが基本ですが、売り主が複数のアドバイザーを天秤にかけて一番よいところを選ぼうとしている場合には、契約の前から具体的なサービスを開始し、アドバイザーとしての力量や仕事内容をある程度知ってもらったうえで、その後に契約することもあります。

　中小企業でよく見られるのは、よい買い主を連れてきたところと契約するというケースです。この場合は、買収ニーズのデータをより多く持っている業者が有利になりますが、本当によい買い主を見つけるには本書に示す方法をお勧めします。

3　M&A業者の報酬体系
☞契約締結時に着手金支払い、成功報酬はM&A取引総額を基準に計算する

　M&Aアドバイザーは、①着手金、②成功報酬、の2つの報酬を受け取るのが一般的です。手間がかかる案件の場合などは、その他のタイミングで追加の手数料が発生することもあります。

（1）着手金
　アドバイザリー契約を締結した時点で受け取る手数料で、"リテイナー・フィー"ともいい、前払い的な性質の手数料です。アドバイザーは売り主が満足する買い主を見つけなければなりませんが、必ず見つかる保証はありません。さまざまなネットワークを駆使して探してみたけれど、売り主が満足できる買い主が見つからないこともあります。着手金は、買い主探しの実務に要する費用ということができます。

　良心的なアドバイザーは、できるだけよい相手先を見つけようとしてさまざ

なネットワークを活用して多くの会社を紹介しますが、中には自らが知っている数社を紹介して終わりにするアドバイザーもいるので、注意が必要です。売り主としては、着手金を支払ったからには、頑張って相手を探してもらわなければなりません。最低でも、30社くらいには当たってほしいものです。

着手金の金額は、アドバイザーによって違います。10万円のところもあれば、数百万円のところもあります。アドバイザーが買い主を見つけるのにどれだけ汗を流すつもりかによるでしょう。

(2) 成功報酬

成功報酬とは、M&Aが成功したときに、アドバイザーが得る報酬です。成功報酬は、リーマン・テーブルと称される**図表6-3**のような手数料計算表に基づいて計算されます（アドバイザーによって手数料計算表の体系は多少異なります）。リーマン・テーブルとは、米国証券会社のリーマン・ブラザースがM&A業務を行うにあたって決めた表だといわれています。

図表6-3：大手金融機関の一般的なM&A手数料表

取引金額	手数料率
5億円以下の部分について	5％
5億円超10億円以下の部分について	4％
10億円超50億円以下の部分について	3％
50億円超100億円以下の部分について	2％
100億円超の部分について	1％

取引金額とは、非上場オーナー会社の場合は「株式売却代金と売り主への退職金の合計」が一般的です。親会社が子会社を売却する場合は、取引金額をEV（エンタープライズバリュー）とみなすこともあります（第8章1節参照）。

(3) 成功報酬の計算方法

株式売却金額と役員退職金支払額の合計が9億円であった場合は、図表6-3に従えば、次式のように計算されます。

　　5億円×5％＋4億円×3％＝3,700万円（取引金額の4.1％相当）

株式売却金額と役員退職金の合計が30億円の場合は、次のようになります。

5億円×5％＋5億円×4％＋20億円×3％＝1億500万円（取引金額の3.5％相当）

　M&Aの取引金額が大きくなるほど、手数料の割合が下がる仕組みです。図表6-3に従えば、100億円のM&A取引の場合、成功報酬は2億6,500百万円と計算されますが、実際にその報酬を得ているアドバイザーは少ないでしょう。図表6-3を基準に顧客と手数料の交渉が行われます。

　4,000万円の取引の場合は、成功報酬は200万円と計算されます。1人のM&A業務担当者が年間にこなせるM&Aの数が多くないことを考えると、これでは人件費を賄えません。そこで、一般には最低手数料を決めています。最低手数料は、アドバイザーによってさまざまです。

売却会社に関する資料の入手
☞売却企業に関する資料の入手と理解・整理がファーストステップ

　あなたが洗濯機を買うために電気店で店員に質問したとき、ただカタログを渡されただけならこの店で洗濯機を買うでしょうか。逆に、いろいろな洗濯機の説明を受け、「家族構成やスペースを考えたらこの商品がよい、しかも今はバーゲンでお買い得です」などと言われたら、買ってしまうかもしれません。

　同じように、M&Aのアドバイザーは売却会社のことをよく知って、どこが優れているのかを買主に訴求する説明資料を作らなければなりません。この資料のことをインフォメーションメモランダム（Information Memorandum、略してIM）（次節参照）と呼びます。

　この資料作りのために、アドバイザーは売却会社に対して**図表6-4**に示すようなさまざまな資料を要求しますが、中小企業の場合、これらの資料がすべて揃っていることはほとんどありません。その場合は、仕方がないので、あるものだけを受け取ります。

図表6-4：アドバイザーが売主から入手する資料

1. 決算書類（損益計算書、貸借対照表、費用明細）
2. 税務申告書とその付属明細
3. 事業計画書
4. 直近の試算表
5. 所有不動産の登記簿謄本
6. 従業員退職金規定
7. 役員退職金規定
8. 就業規則
9. 会社沿革
10. 組織図
11. 従業員名簿（役職と勤続年数）
12. 株主名簿
13. 会社定款
14. 商業登記簿謄本
15. 会社案内
16. 工場の図面
17. 製品（商品）のサンプル
18. 販売先一覧と売上高
19. 仕入先一覧と仕入高
20. 保険の一覧と解約返戻金
21. 重要な契約
22. 事業所や店舗の一覧（住所、面積、機能、社員数）

5 インフォメーションメモランダム（IM）の作成

☞インフォメーションメモランダムは会社の総合的なカタログ

　IMとは、売り主のアドバイザーによって作成される買い主候補に対して提出する書類で、概ね**図表6-5**に記す内容が記載されます。この書類を見れば、売却企業のことがほぼ把握できるという内容になっています。

　図表6-5に示す事項が記載されることはもちろんですが、IMには売却会社の特徴が記載されていなければなりません。中小企業とはいえ、よく見ればさまざまな特徴があるはずです。顧客からの信頼が厚い、良い社員がいる、良い製品を作っている、地域ではトップ企業である、競合先が少ない、大手企業と取引がある、技術開発力がある、などです。買い主の興味を引きそうな情報の記載が肝要です。

　IMでもう1つ大切なことは、買収価格がおおむね計算できる情報が含まれて

図表6-5：インフォメーションメモランダムに記載される内容（製造業の事例）

```
1. Executive Summary                    3.3 製造フロー
    1.1 本件取引概要                    3.4 生産拠点のレイアウト
    1.2 Investment Highlight            3.5 知的財産権、認定取得一覧
2. 本件対象会社概要                  4. 事業環境
    2.1 本件対象会社概要                4.1 市場動向
    2.2 組織体制                        4.2 競合の動き
    2.3 人員構成                    5. 財務情報
    2.4 各生産拠点の概要                5.1 財務諸表
    2.5 主要販売先、販売先構成          5.2 財務諸表の解説
3. 事業概要                          6. Appendix
    3.1 製品概要                        6.1 連絡先
    3.2 ビジネスフロー
```

いなければならないという点です。

　含み損や含み益がある資産については、その旨を記載しなければなりません。節税目的で多くの費用が計上されている場合なども、その説明が不可欠です。買収された後に、普通に経営すれば利益がどうなるのかが推定できる必要があります（**図表6-6**）。

　IMに基づいて株価が10億円と算定されたのに、デューデリジェンスで追加情報が明らかになったら株価が5億円に下方修正されたとしましょう。このようなIMは失格です。10億円が8億円に、というくらいが限度だと思います。財務データについては、表面的な決算の情報だけではなく、隠されている重要情報も説明しておく必要があります。悪い情報を後で出すと、まだ隠していることがあるのではないかと疑われます。

図表6-6：価格算定上の重要情報

```
1. 不動産の時価（路線価情報、または公示地価情報）
2. 設備の減価償却が正しく行われているか
3. 在庫（滞留する在庫の有無）
4. 借入金利
5. 保険積立金（解約すると返戻金はいくらになるか）
```

6 買い主を見つける
☞買い主には2段階で情報を開示する

　買い主探しは、M&Aのプロセスの中で最も時間がかかる仕事です。安心して将来を託せる、しかも売り主の期待する株価を提示してくれる会社を見つけるのは、容易ではありません。50社以上に打診しても見つからないことがあります。以下に、その手順を説明します。

（1）買い主候補先をリストアップする
　まず、買い主となりそうな会社の名前をリストアップします。候補先の数は50社以上になることもあれば、10社に満たないこともあります。売り主と協議し、候補先に優先順位をつけます。販売先や仕入先などの取引先は、普通は除外します。その理由は、万一話が不調に終わった場合、その後の取引に悪い影響が出るかもしれないからです。優先順位に従って売却会社の情報を提供し、関心があるかないかを探ります。

（2）買い主の関心度を探る
　買い主候補先には、アドバイザーから直接打診する場合も、あるいは他に依頼して打診してもらう場合も、2段階に分けて売却会社の情報を開示します。

①第1段階の情報開示
　売却会社の事業概要、事業規模、本社所在地域などを1枚に記した書類（ティーザーメモ、あるいはノンネームシートと呼ばれる）を渡します。
　この書類は、売却会社の業務内容や業績の概要などを記したもので、会社の概要はわかりますが、会社名を特定できない内容とします（**図表6-7**がサンプルです）。
　首都圏のように膨大な数の会社がある場合、概要を記載した書類だけでは、具体的な会社名までなかなか想像できません。しかし、会社数の少ない地方の場合、概要だけで、会社名が特定できることがあります。同じ県内の会社に情報を出す場合には、この点に注意が必要です。地方銀行が自行の取引先の売却情報を県内の会社に伝えると、それだけで会社名を知られることがあります。同じ県内より

もむしろ他県の会社に紹介するほうが気を遣わずに済みます。

　情報を開示した買い主候補から関心の有無について、通常は数日以内に返事をもらいます。この情報で買い主候補先が興味を持った場合は、第2段階に進みます。

図表6-7：ノンネームシートのサンプル

	検査機器メーカーの紹介	
1．事業内容	：	半導体検査機器の製造・販売
2．所在地	：	関東
3．事業規模	：	売上はおよそ10億円（黒字）
4．資産・負債	：	総資産　　　約8億円 純資産　　　約2億円 有利子負債　約3億円
5．特徴	：	海外半導体メーカーにも納入 国内販売高と海外販売高がほぼ同等 技術力・開発力に定評あり
6．売却理由	：	後継者不在
7．希望価格	：	純資産金額以上での株式売却を希望

②第2段階の情報開示

　第1段階の情報で買い主候補先が関心を示した場合は、外部に情報を漏らさないという秘密保持契約に署名・捺印してもらい、売却会社の会社名を開示します。同時に、インフォメーションメモランダム（IM：本章5節参照）を渡します。

　買い主候補が、IMを見て、さらに強い関心を示した場合は、次のステップに進みます。関心の有無についての返事はおよそ1週間以内です。

7　買い主からの買収意思表示
☞買い主からの意思表示は1週間以内に

　インフォメーションメモランダム（IM）を受け取った買い主は、売却会社の詳細を知ります。買収価格はともかくとして、興味を持ったか否かについて、早急に売り主のアドバイザーに対して返事をしなければなりません。

　次に、疑問が生じたことや、よくわからない点について売り主のアドバイザーに対して質問します。さらに、売却企業の財務内容や事業の安定性・発展性を考

慮し、投資金額（買収金額）をどの程度にするかについて大まかに検討します。

　IMの情報だけでは買収価格が算定できないという場合は、売り主のアドバイザーに対して不足する情報について質問します。売り主のアドバイザーは、買収価格の算定に必要な質問であれば、迅速に回答する必要があります。ただし、質問については回答が留保されることもあります。この段階では、買い主候補に対してどの情報を開示し、何を開示しないかは、売り主側の裁量に委ねられます。開示されない情報は、デューデリジェンスで明らかにされます。

　買い主が売却会社のことを知ることはもちろん重要ですが、売り主もその買い主に会社の将来を託してよいのかを判断する必要があります。買い主が買収に前向きな意思を持っていることを表明した場合、売り主との面談を早く設定することが望まれます。同時に工場見学も実施しましょう。面談は、中小企業のM&Aでは必須です。中小企業の場合は、会社対会社の取引というよりも、社長対社長の信頼感に基づいた取引と考えたほうがいいでしょう。大企業のM&Aとは異なります。面談によって、信頼できる相手かどうかがわかります。逆に、売り主が買い主の会社を訪問するのも、買い主の良否を判断するうえで大切です。

　こうしたプロセスを経て、買い主は**図表6-8**に示すような買収の希望条件を提示します。

　図表6-8に示す内容からなる文書を「意向表明書（Letter of Indication of Interest）」といいます。

　売り主は、意向表明書を受取ると、その条件で売却してよいかどうかについて検討します。条件の修正・変更を求めたい場合は、希望を相手側に伝え、協議します。

　複数の買い主候補先から意向表明書をもらった場合は、意向表明書の内容を比較検討して一番良いと思われる買い主を選びます。買収を希望する買い主が多い場合は、選別作業を2段階で行うこともあります。まずIMに基づいて意向表明書を提出してもらい、買い主を2、3社に絞り込みます。その後に、選んだ買い主候補と面接や見学を行って追加情報を提供し、再度意向表明書を出してもらい、1社に絞り込むこともあります。

図表6-8：一般的な意向表明書への記載内容

①買収の意思表示
②買収する理由
③買収後の経営方針
④期待されるシナジー効果
⑤従業員・役員の処遇
⑥買収の方法（取得する株式の比率など）
⑦予定している対価（レンジで表現することが多い）
⑧買収を行うための今後必要なプロセス
⑨売り主個人の債務保証・担保の解除
⑩今後のスケジュールと買収実行の期限
⑪その他買収するための必要条件

譲渡条件についての協議・交渉
☞交渉とは歩み寄れる点を見出し、まとめるプロセス

買い主から提出された意向表明書の記載内容を見て、売り主は提案を受諾できるか検討します。売却会社が破たんしている場合を除けば、M&Aの取引では**図表6-9**のことが原則として守られます。図表6-9の条件を満足しない提案であれば、買い主に対して条件の変更を求めます。買い主が応じない場合は、その買い主は交渉の相手から外されることになります。

図表6-9：M&Aで原則として順守されること

①従業員の雇用は、現状の雇用条件のまま守られる
②会社が負っているすべての債務は買い主に引き継がれる
③社長が債権者や銀行に対して負っている連帯債務保証や提供している担保は解消され、買い主が肩代わる

条件交渉は、一般に当事者に代わって売り主と買い主のアドバイザーが行います。

売り主と買い主とが直接交渉すると、相手の要求に対して気分を害することがあり、取引条件ではなく、感情的な理由で破談になるケースが出てきます。交渉とは、お互いの要求をぶつけ合って、歩み寄りながら話をまとめていくプロセスです。日本人には、自分の主張が受け入れられない場合に、頑なになってしまったり、気分を害してしまったりする人が多いようです。

中小企業の場合、社長のほとんどは、会社を売るのは初めてでしょう。会社を売る方法、売る際に注意すべきことなど知りません。買い主が要求している取引条件が妥当なのかもわかりません。アドバイザーの仕事とは、顧客の要求をそのまま相手側に伝えることではなく、自分の顧客に対して取引条件の意味・妥当性を説明し、顧客に理解してもらい、妥当な取引を促すことだといえます。顧客の言うことをそのまま相手に伝え、返事を待つだけのアドバイザーもいますが、これでは成功報酬を受け取る資格はありません。

アドバイザーのもう1つの大切な役割は、スケジュールの管理です。アドバイザーを雇わずに売り主と買い主が直接話し合っているケースがありますが、大体いつまで経っても話がまとまりません。お互いにスケジュールを守ろうとする意識が弱いからです。相手にスケジュール厳守を求めるのも失礼になってしまいます。スケジュールは第三者が管理するほうがスムーズに進みます。

9 基本合意書の締結
☞M&Aでは一般的に2度契約を締結→1度目の契約が基本合意書

M&Aでは、一般に、売り主と買い主との間で、2度契約書に印鑑を押します。1度目が基本合意書と呼ばれる契約書で、2度目が譲渡契約書です。

1度目の基本合意書は、仮契約のようなものです。買い主から提示された意向表明書をベースに売り主と買い主とが取引条件について協議し、取引条件の概略が決まります。売り主と買い主とで、その条件を確認し合うのが、「基本合意書（Letter of Intent：LOI）」といわれるものです。

なぜ、最終契約の前に、基本合意という形の合意形成を行うのでしょうか。この時点までに売り主から買い主に対して開示された情報は、インフォメーションメモランダムと質問に対する回答など、対象会社の情報の一部です。買い主は限られた情報に基づいて買収の意思表示をし、買収条件を決めているわけで、買い主の側に立つと、本当にそれだけの情報で買収金額を決定して問題がないのか、との不安が残ります。買い主が対象会社のことをもっと調べたうえで最終的な取引価格を決めたいと思うのは自然であり、対象会社を調査するプロセスが必要です。一方、売り主からすると、買い主との売買価格の合意もできていない段階で、ありとあらゆる情報を開示するわけにいきません。求められるままに情報を開示すると、ノウハウだけ盗まれて取引は破談ということもあります。売り主の立場

に立てば、情報開示のためには、容易に破棄できない合意が必要となります。そこで、買い主による調査を実現させるために、容易には覆せない合意を形成するのです。基本合意とは、買い主が売却会社を詳しく調べるために欠かせない合意です。基本合意書を締結すると、その後に大問題が見つからない限り、M&Aを実行しなければなりません。いつでも取りやめることができる仮契約ではありません。

　基本合意書が締結されM&Aの実行がほぼ確実だとなれば、売り主側に重要情報を盗まれるという不安がなくなりますので、買い主の求めに応じて情報を開示できます。これが、デューデリジェンスというプロセスです。

　こうした理由によって、基本合意書の締結までは、売り主が自ら開示してもよいと考える資料だけが開示されます。買い主の求めどおりに資料開示されることはありません。

　基本合意書は、一般に**図表6-10**に示す内容で構成されます。

　基本合意書は、最終の譲渡契約書ではありません。譲渡契約に至るまでの間に、双方とも守るべきことを記載した約束といえます。こうした意味を持つ合意であるがゆえに、納得性のある理由なくこの合意を破棄すると、ペナルティが課せられることがあります。

図表6-10：基本合意書の一般的内容

```
①買収の対象（株式、事業など）
②買い取る価額（合意した金額）
③買収後の従業員の処遇
④買収後の役員の処遇
⑤買収実行までのスケジュール
⑥買収実行の期限
⑦買収するための必要条件
⑧M&A取引を拒否した場合のペナルティ
```

10　デューデリジェンス（DD）

☞デューデリジェンスは、情報の確かさを確認するプロセス

　すでに説明したとおり、DDは、買い主が自ら売却対象企業を調べるプロセスで、主として**図表6-11**に記すことを調べます。

図表6-11:デューデリジェンスの内容

①業務(ビジネス)の実態(ビジネスDD)
②会計情報の真実性(会計DD)
③法的問題の有無(法務DD)
④工場敷地の土壌汚染調査(環境DD)
⑤情報システムの調査(IT DD)など

　会計情報の調査は、一般に公認会計士に委託します。法的問題の調査は、弁護士に委託します。対象会社が工場を持っている場合は、土壌汚染の調査を行うこともあります。汚染調査の専門会社に委託します。

　売却会社の業務や情報システムに関する調査は、買収後にどのように運営すればよいか、どのようにシナジーを発揮すればよいか、コストダウンや効率化が図れそうな業務はないか、自社と統合できる業務はないか、など将来の経営に必要な情報を得る作業です。シナジーが見え、効率化やコストダウンできそうな箇所が見つかれば、買収後の業績向上の確実性が高まります。こうした情報を得る作業であるため、一般に買い主が自ら調査します。ただし、近年はこれを外部の専門家やコンサルタントに委託するケースも出てきています。

　DDにおけるアドバイザーの役割は段取りをするくらいで、調査そのものには入り込みません。ただし、会計事務所系のアドバイザーには、DDを自ら行うところもありますが、その場合は別の報酬を得ています。

　DDで新たな問題が見つかった場合は、取引価格の修正として反映させます。事前に開示はなかったが、DDで5,000万円の債務が見つかったとすると、5,000万円の値下げ交渉が行われます。一方、事前に見えなかったメリットが見えた場合は、価格を上乗せすることもあります。

　大きな問題が判明した場合は、取引を中止することもあります。10億円での買収を予定していたところ、DDにおいて5億円の価値の毀損が見つかったとすると、問題が大きいために5億円の値引きで収まらず、取引は白紙になることがあります。このため、インフォメーションメモランダムには、問題点もきちんと記載しておき、その問題を了解したうえで買収意思を表明してくれた買い主を選ぶ必要があります。

11 譲渡契約

☞譲渡契約は最終の契約で、これによって基本合意書は消滅

デューデリジェンス（DD）の結果を踏まえて、売り主と買い主は取引条件について協議します。基本合意書を基準として、DDで新たに見つかった問題等をどのように取引に反映させるのかが交渉の焦点となります。

たとえば、5,000万円の債務が見つかった、一方でシナジーとして想定よりも4,000万円ほど大きなメリットが出そうだ、とすれば、最終契約では基本合意書に比べて1,000万円の値引きを要求するのか、ということです。

こうしたことが、DD後の協議事項となります。買い主が取引額を減額したいと考える場合、売り主が理解・納得できる理由を示す必要があります。なんとなく不安なので5,000万円の値引きを求める、というのは筋が通りません。

協議がまとまれば、その結果を譲渡契約書にまとめ、売り主と買い主が調印します。契約書は、売り主・買い主とも弁護士のレビューを受けたうえで確定させます。譲渡契約書は、一般に、**図表6-12**の内容からなります。

図表6-12：一般的な譲渡契約書の内容

①買収の対象
②買収する価額
③買収後の従業員の処遇
④買収後の役員の処遇
⑤クロージング（取引実行）の日とその日までの段取り
⑥取引するまでに整えるべき条件
⑦売り主による表明と保証
⑧買い主による表明と保証

譲渡契約を結んだ後は、契約を破棄することはできません。これが、売り主と買い主の間の最終の確定契約です。契約書を締結すると、取引実行に必要となる条件を満たすための手続きを行います。たとえば、事前に一部の資産を換金する必要があれば、その手続きを行います。一定数以上の社員の残留が買収の条件ならば、社員からM&A後も勤務することを表明する誓約書を取ることもあります。

12 クロージング

☞クロージングとは「取引の実行」で、譲渡代金と資産を決済する

クロージングとは、取引の実行のことをいいます。クロージングでは、**図表6-13**に書かれていることを実行します。

図表6-13：クロージングで行うべきこと

①取引実行のための諸条件が揃っていることの確認
②譲渡する株券の引渡しと、代金の支払い

　クロージングが無事終了すれば、アドバイザーは顧客に請求書を渡し、成功報酬を受領します。

　銀行に対して売り主が行っている債務保証や担保の解除は、一般にクロージングの後に実行されます。買い主の信用力を背景に、取引銀行に対して債務保証の変更や担保解除を申し入れます。銀行が応じない場合は、借入を返済することになります。こうして、売り主は債務から解放されます。

第 7 章

中小企業のM&Aで知っておくべきこと

　本章では、中小企業のM&Aに関して、知っておくべき留意点について説明します。

1 仲介と利益相反の問題

☞「仲介」は、顧客利益よりも自己の手数料の最大化を目的とした活動

（1）利益相反とは

M&Aではよく「利益相反」という言葉が登場します。利益相反行為とは、依頼者から業務を請け負った場合、自己や第三者の利益を優先し、依頼者の利益を損なう行為のことをいいます。

M&Aでは、M&Aを実行する当事者（売り主と買い主）が自己の利益を実現するためにアドバイザーを雇います。雇われたアドバイザーは**図表7-1**に示すように雇われた顧客の利益のために活動します。成功報酬は、顧客の利益を実現した結果として受け取ります。売り主のアドバイザーが担う役割の大きなものは、①よい相手を見つけること、②満足できる取引条件を導くこと、の2つです。

アドバイザーが、顧客の利益ではなく、自己の利益や他者の利益のために行動した場合は、「利益相反行為」となります。利益相反行為の疑いを持たれると、顧客から訴訟を受けることになります。

図表7-1：アドバイザーと売り主・買い主の関係

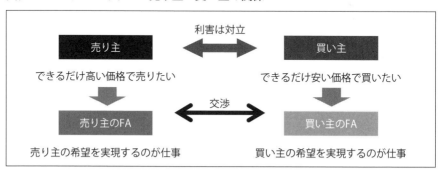

（2）仲介とは

不動産取引の場合、わが国では慣例として「仲介」という役割が認められてきました。

「仲介」では、売り主が売りたい価格を仲介者に伝え、仲介者がそれを買い主

に伝えます。買い主はそれに対して買いたい価格を仲介者に伝え、仲介者が売り主に伝えます。「仲介」とは、仲介者がこの行為を繰り返し、相互の譲歩を引き出し、取引成立に導く行為といえます。そして、仲介者は、売り主と買い主の両方から手数料を取ります。

この仲介行為に一見問題はないようにみえます。それでは、なぜ「仲介」は問題があるとされるのでしょうか。

図表7-2：「仲介」と売主・買主の関係

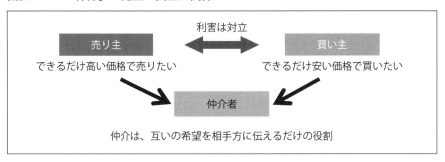

(3) 仲介の問題点

「仲介」の問題点の1つは、仲介者が紹介した買い主が、売り主にとって本当に最も良い条件を出す相手だったのかがわからないという点です。

仲介という役割は、仲介者が売り主から会社売却を依頼され、仲介者が知っている買い主候補先にその情報を提供することによって成立するため、仲介者が10社の買い主候補を知っているとすれば、買い主はその10社に限定されます。この10社の中からベストの買い主を見つけることは可能ですが、仲介者の知らない無数の買い主（その中にはもっと良い条件を提示する買い主がいるかもしれません）から買い主を見つけることはできません。

「仲介」のもう1つの問題は、仲介者は売り主と買い主の双方から手数料を得るので、仲介者にはその2社で取引してもらいたいという誘惑が働きます。仮に1,000万円の手数料を700万円に値下げしても、顧客同士で取引してもらえると、売り主と買い主から合計1,400万円の手数料を得ます。一方、他社に情報を流して、知らない買い主と取引されると、手数料は1,000万円です。手数料を700万円に値下げするので、この相手と取引したほうがよいと言われると、売り主はそ

の他に良い買い主がいるのかどうかわからないので、取引を進めてしまいます。

このように「仲介」という役割は、仲介者にとっての利益が大きいがゆえに、顧客の利益を実現するという役割から逸脱したい誘惑にかられます。

M&Aの先進国（欧米諸国）では、「仲介」の役割は認められておらず、売り主または買い主の代理人としてのアドバイザーの役割だけが認められています。わが国でも、大手証券会社やメガバンクは、「仲介」を行わないとしています。「仲介」を標榜しているのは、一部の独立系のM&A専門業者と地方銀行だけです。

2 クロスボーダー案件
☞ クロスボーダーM&Aは、英語ができても日本人だけで交渉するのは無理

売り主と買い主がともに国内企業同士の場合、これをイン・インなどと呼ぶことがあります。当事者の一方が外国人（外国企業）の場合、イン・アウト、アウト・インなどと呼ぶことがあります。

イン・アウトとは、買い主が本邦企業、売り主が外国人（外国企業）である場合をいいます。アウト・インはイン・アウトの逆で、買い主が外国人（外国企業）、売り主が本邦企業の場合です。イン・アウト、アウト・インを併せてクロスボーダー案件と呼びます。

クロスボーダーの案件では、取引にかかる契約書類が英語になることが多く、英語への対応力が必要になります。また、クロスボーダー案件では、「仲介」はありません。

近年、日本の企業が海外の子会社を売るというケースが増えています。いまや中堅企業でも海外に子会社を持っており、海外子会社の売却は、もはや大企業に限ったことではありません。

売り主も買い主も日本の会社で、対象会社が海外の会社あれば、これはクロスボーダー案件ではありません。交渉は、日本人と日本人との間で行われます。言葉も日本語で大丈夫です。ただし、決算書や会社に関わる書類は現地の言語になっていることがほとんどです。また、会計や会社運営は対象会社の国の法律に縛られます。したがって、弁護士や会計士は現地に通じた人が不可欠です。

大企業が海外企業を買収する場合は、よく外国の投資銀行をアドバイザーとして雇います。日本人同士でも、M&Aの交渉現場では、意思疎通に支障をきたすことがあります。まして、日本人が外国人と交渉するのは容易ではありません。

たとえば、米国企業を買収する場合は、売り主側には米国の投資銀行がアドバイザーに就いていますから、買い主側も米国の投資銀行をアドバイザーとして雇うほうが、米国人同士で交渉してもらうことができます。買い主は、雇った投資銀行の日本駐在の日本人のM&A担当者に要望を伝えればいいのです。日本の金融機関をアドバイザーとして雇う場合には、米国人の担当者が現地にいることを確かめる必要があります。

クロスボーダー案件では、国際的なネットワークを構築しているアドバイザーを雇う必要があります。少しばかり外国語ができる程度ではM&Aの仕事は難しいと考えてください。

図表7-3：クロスボーダーM&Aの種類

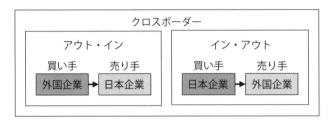

3　M&Aの取引価格

☞M&Aでは、相続税評価は使わず、合意した価格こそが妥当な価格

M&Aの取引価格は、どのように決まるのでしょうか。

「相続税評価額」をご存じでしょうか。これは、値段のついていない非公開株式を親から子供が相続した場合に、その財産価値を求める計算方法です。相続した非公開株式に対する相続税額を計算することを目的として、国が定めています。親子間の事業承継においては、相続税評価額で株価を算定するので、株価計算は「相続税評価額」を用いればよい、と理解している方が多いと思います。

ところがM&Aでは、取引すべき妥当な株価の計算方法は定められていません。

売り主と買い主とが合意した株価で取引すればいいのです。

親から子に株を渡す取引では、常識的には親が子から利益を得たいとは考えませんので、安い価格で譲ろうとするでしょう。親子間の取引では、経済的合理性に従って株価が決定されない可能性が高いため、相続税評価額という恣意性の入らない株価計算法で、相続税を計算することになっています。

一方、普通のM&Aでは、売り主が第三者の買い主に対して株を安く譲ってあげようとは考えないので、両者が交渉して決まった株価は、経済合理性があるとみなされます。

とはいえ、売り主と買い主とは、何の根拠もなく株価の交渉をするわけにはいきません。株価をどのように考えるかについては、これまで多くの経済学者が作り上げてきた株価理論が基準になります。近年、株価理論がより数学的に洗練されてきました。デリバティブの理論もその1つです。今日株価計算法として広く知られるようになったのが、DCF法（Discounted Cashflow Method）と呼ばれている方法です。

上場している会社の株価は、不特定多数の投資家が、毎日売買することによって形成されています。投資家が、株価についてどのように考えるのかをモデル化したものが、投資理論モデル（資本資産評価モデル、CAPM（キャップエム）ともいいます）です。今日M&Aではこのモデルがグローバル・スタンダードとして用いられています。株価をめぐる裁判でも、近年はこの株価理論に基づいて算出した株価を妥当な株価とみなしています。本書では、株価理論については詳しく触れませんが、関心のある方は多くの専門書が出ていますので手に取ってみてください。

株価の基礎となる考え方とは、「投資家は、リターンを想定して投資する」ということです。1,000万円の税引後利益の会社の株を買う場合、10億円で買えば、利回りは1％です。5億円で買えば利回り2％です。2億円で買えば5％です。

今は、商業地の不動産の価値も、不動産から得られる収益に基づいて計算されるようになりました。以前は、不動産鑑定といえば、近隣の取引事例を参考にするのが当たり前でしたが、今日では収益力をベースに計算されます。

4 M&Aにおいて取引価格は買い主が決める

☞M&Aの価格は、買い主が決めているといえる

　M&Aでは、取引価格は買い主、売り主のどちらが決めるのでしょうか。

　スーパーマーケットで買い物をするときは、商品に値札がついています。消費者は、値段が高いと思えば、購入を見送って安い商品を探すでしょう。スーパーが値札を付けても、消費者が高いと思えば、その商品は売れません。スーパーが値付けをしているようですが、その価格を受け入れるか否かを選択しているのは消費者です。大量の売れ残りが出そうだと店長が判断すれば、値を下げます。結局、妥当な値段は買い主が決めているといえます。

　M&Aもこれと同じです。売り主が、何としても2億円で売りたいと思っても、その値段で買おうという会社が現れなければ、取引はできません。取引できた価格こそが、会社の価値だということです。

　M&Aでは、売り主の希望する価格が買い主に受け入れられるかをみるために、多くの買い主候補に同時に札を入れてもらう入札という方法があります。売り主は、買い主が示した札によって、自らの妥当な株価を知ることになります。売り主が希望する価格で買おうという買い主がいる場合は、その希望株価は妥当だったということです。

　買い主が「いくらなら投資してもよいか」を考える根拠こそが、評価法の原点です。それでは、買い主は何を根拠に投資額を決めるのでしょうか。

　たとえば、銀行の融資の審査では、取引先が設備投資をするために1億円の借入を申し込んできたら、1億円に見合う担保があることを重視します。筆者は、1億円の投資が、どれだけの利益を生み出し、その利益で借入返済ができるのかを見ます。設備投資とは、それによって利益が生まれ投資を回収できるという見込みがあるので行われるものです。担保があってお金を借りられるから行うものではありません。

　M&Aもこれと同じです。会社を買収した結果、投資に見合った利益が生まれるなら投資してよいということです。買い主は、どれだけの利益が生まれるか、万一失敗だとわかったときに、資産を売却すれば投資を回収できるのか、こうしたことを考えます。M&Aの取引価格はこのように決まります。

　ただし、世の中にはこの理屈がよくわかっていない買い主がたくさんいます。

純資産の価値はこれだけありますと言われると、そうかと言って買う人もいます。しかし、こうした買い主はだんだん減るでしょう。

5 売ろうとしても売れない会社
☞売れる会社は組織がしっかりしている会社

後継者がいないので売却したい、と思って会社を売ろうとしても、買い主が見つからない会社があります。次のような会社は、売るのが大変難しいと思っておいてください。
　①家族以外の従業員がほとんどいない会社
　②社長が1人で営業して注文を取っている会社
　③万年赤字の会社

その逆に、買い主がすぐに見つかる会社は次のような会社です。
　①社長が不在でも組織で動くようになっている会社
　②毎年黒字を続けている会社
　③社長の給料が十分高い会社

いつかは会社を引き継いでもらおうと考えるなら、従業員を雇い、社長が不在でも会社が組織で動いて事業が続くようにし、毎年黒字を出せるような会社にしておくことです。

6 事業再生案件には手を出すな
☞事業再生は容易ではない

事業再生案件というのがあります。債務超過などで事業が立ちいかなくなった会社を、買い主が買い取って事業を立て直すという案件です。

買収した会社の事業をうまく立て直したケースは、マスコミに取り上げられることもあり、そうした報道を見て感激される方もいるでしょう。

しかし、再生は容易なことではありません。うまく再生できたケースは稀です。多くが、失敗です。特に、中小企業の再生は難しいものです。

再生を成功させるコツは、デューデリジェンスです。「経営の問題点を発見することがすべて」といえます。そして、改善プランを作り、実現可能かを検証し

ます。

再生には長い時間がかかります。2年でできれば大成功、3年4年と時間がかかるのは当たり前。その間は、追加資金が必要です。

事業再生には、以前の負債を断ち切らなければなりません。金融機関の協力は不可欠です。

こうしたことから、事業再生は、社員はもちろん、社外の関係者の協力なくしてはできないうえに、時間がかかるため追加資金が必要になるなど、黒字会社を買収するのとは正反対なのです。

よほど経営力のある人がいない限り、事業再生はお勧めしません。資金力のない会社がやることではありません。

7 安い買収価格にはリスクがある
☞買い主も売り主も安い価格には要注意

買収金額が安い案件とは、どのような案件だと思われますか。たとえば、買収価格が100万円というケースを考えてみましょう。

筆者の経験からいえば、100万円で会社を買えるという場合、その会社は、
①利益がほとんど出ていないか赤字
②資産が全然ないか、あったとしても同等の借入金がある
③社長の給与は数百万円（絶対に1,000万円に届いていない）
ということがいえると思います。

こうした会社を買って、どうしますか？

もし、事業が魅力的、社員も魅力的で、買収したら絶対に面白くなると考えるなら、まず行うことは借入金をゼロにすることです。それができれば、買収する意義があるかもしれません。

それをせずに、100万円を支払って株を買ってしまったら、利益を出すために寝食を忘れて働かなければならないでしょう。といっても買い主は、その会社の内部事情や外部の関係者をすべて知り尽くしているわけではありません。艱難辛苦が待ち受けています。

逆に売り主の注意点は、買い主が詐欺を企んでいるケースがあることです。会社に借入が1億円、預金が500万円あったとします。100万円を支払って会社を

買い取った後、預金500万円を引き出して流用する詐欺を企む買い主がいます。前社長の連帯債務保証はそのままにして、そのまま雲隠れです。

> **Column**
>
> ## 300万円で会社を買ったら、休日がなくなります！
>
> 「サラリーマンは300万円で小さな会社を買いなさい」などと、小さな中小企業の買収を勧める本が出ています。
>
> 筆者は長年のM&Aの経験から、逆に「300万円で会社を買ったら買主は大変なことになりますよ」、と忠告します。
>
> 300万円で買える会社とは、どんな会社かお教えしましょう。利益はほとんど出ていないでしょう。社長の給料は、6百万円もあればいいほうです。借入金が多く、返済に困っているような気がします。資本の部、すなわち純資産はゼロに近いはずです。
>
> この会社を買うとどうなるのか。あなたは、利益を出して借入金を返済するために、2つの"ムキュウ"、すなわち「無給」と「無休」で働かないといけなくなります。しかもあなたは、この会社の取引先や社員をまだよく知りません。うまく経営できないと、会社に追加資金を出さざるを得なくなります。最悪の場合は、あなた自身の財産を失うことにもなるのです。
>
> 「自分は資金を持っていないから、300万円の会社しか買えない」とおっしゃる方がいます。しかし、それは破滅への道です。絶対にやってはならないことなのです。
>
> 筆者が言いたいのは、「5,000万円以上の価値の会社を買いなさい」です。「売主が5,000万円以上で売りたいと言っている会社」ではありませんので、ご注意ください。

第 8 章
株価評価方法

　本章では、M&A使われる株価評価方法について、簡単に説明します。この分野にはたくさんの専門書が出ていますので、詳細はそちらに譲ることにし、本書では評価法の全体像と今日重視されている方法についてその理由を述べます。

1 株価評価方法の種類

☞ 株価算定法は、コストアプローチ、インカムアプローチ、マーケットアプローチがある

図表8-1に、M&Aにおける株価評価方法を示します。

図表8-1：M&Aにおける株価の評価方法

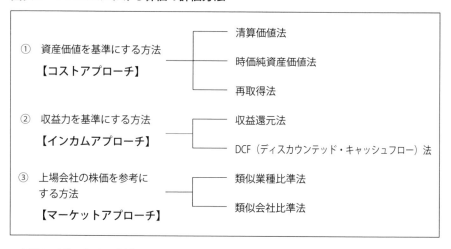

近年、買い主は、買収したことによってどれだけの利益が生まれるかを考えて、買収価格を決めるようになってきました。資産がこれだけある、それから負債を引くと純資産がこれだけある、その純資産額で買収する、というケースは減ってきました。資産とは、万一事業がうまくいかなかったときに、資産売却で投資資金をどこまで回収できるかを判断するためのものといえます。

近年の買収価値の評価方法の特徴を示しておきます。

1. 企業（資産）の価値とは、「その企業（資産）が将来生み出す利益の現在価値に相当する」という考え方が主流になりつつある（ファイナンス理論）
2. 簿価純資産価値や時価純資産価値という資産評価は、参考値として使う方向に向かいつつある
3. エンタープライズバリュー（EV）が簡易的な評価のベースとして用いられており、EVはおおむね減価償却差引前営業利益（EBITDA）の5～7倍程度とみなされている

（注）エンタープライズバリュー（EV）とは、「株式価値＋純有利子負債」のことをいい、企業に対して資金を提供する投資家と金融機関に帰属する企業価値を意味する。

2 清算価値【コストアプローチ－1】

☞清算価値は、会社を清算したときに会社に残る現金の金額

　後継者がいないので会社を売却しようとしたとき、買い主が現れなければ、廃業して清算するしかありません。清算価値は、会社の資産と負債を整理した後に会社に残る現金を意味し、会社を売却する場合の最低価格といえます。社員の雇用を守ることを最優先する場合には、清算価値以下の売却もあるかもしれませんが、清算価値以上で取引できる買い主が概ね見つかります。

　もし、買い主から清算価値以下の買収金額が提示されたら、その買い主と取引する必要はありません。そのような価格提示は、売り主に対して大変失礼です。買い主は、清算価値で買収することができれば、基本的に損をしません。

　ただし、赤字垂れ流しの会社の場合は、清算価値以下での売却もあり得ます。赤字の継続は、毎年資産が減少する（または負債が増加する）ことを意味し、今年の清算価値よりも、来年の清算価値のほうが小さくなります。買い主が再建できるまでの時間を考えて、清算価値以下で譲渡することはありえます。

　清算価値は、どのくらいの価値になるのでしょうか。廃業する場合、資産をすべて売却して現金に換え、それを負債の返済に充てます。簿価以上で売却できるのは含み益のある土地くらいで、設備や在庫を売却して現金にすると、半値程度になってしまいます。ここから、従業員への退職金を支払い、負債を返済すると、いくらも残らなくなるということがよくあります。注意すべきは、清算価値は、純資産の価値よりもかなり少ないことが多いことです。会社を廃業すると純資産相当の現金が残るという人がいますが、これは誤りです。

3 時価純資産価値【コストアプローチ－2】

☞時価純資産の価値は、まさに資産の価値を表す

　時価純資産価値とは、資産の中で含み益がある資産について簿価を時価に置き換えて、純資産価値を計算し直したものをいいます。

　含み益がある場合は、含み益が実現した（その資産を売却した）場合、利益が出るので、法人税が課税されます。その結果、税引後では、純資産額が少し減ります。一般に、時価純資産とは、この法人税課税を考慮した税引後の純資産価値のことをいいます。清算価値に比べて、時価純資産は、理解しづらい価値で、会

計上の数字に過ぎないともいえます。昔は、この数字がM&Aではよく使われましたが、本当に株主に帰属する価値なのでしょうか。

1つ例を出しましょう。

同じ時価純資産の会社A、Bがあります。どちらも時価純資産が1億円です。Aは税引後利益が1,000万円です。Bは100万円です。どちらの会社の株価が高いでしょうか。誰もが、Aと答えるでしょう。でも時価純資産価値は同じです。

純資産価値には、会社が生み出す利益が全く考慮されていません。上の例のAは、資産を効率よく利用して利益を生み出し、Bは資産をうまく活用できていないということです。資産は、利益を生み出すために所有している道具といえますが、利益の出る出ないは、いかにこの道具をうまく活用するかによります。純資産価値には、企業にとって最も大切である利益を生み出す力がまったく考慮されない点が最大の欠点であり、M&Aの取引価値として使えないというのが筆者の考えです。

再取得価値【コストアプローチ－3】

☞再取得価格は、自力で事業を立ち上げるときに必要な総投資額が基準に

再取得価値とは、買収しようとしている会社を独力で立ち上げようとするとどれだけの投資が必要かを考え、その投資額を基準に買収金額を考える方法です。

売却会社は金属部品を製造しており、「売上が2億円、営業利益が1,000万円」だったとします。「土地や設備の固定資産が3億円」あったとします。さて、これと同じ会社を1から作り上げるのに、どれだけの投資が必要になるでしょうか。

土地、建物、設備は新しく購入すればよいので、見積もることが可能です。**図表8-2**に示すように、土地、工場建設、機械導入、人の採用、さらに売上2億円、営業利益1,000万円にするのに総投資額が6億円かかるとしましょう。次に、売上2億円、営業利益1,000万円をどのように達成するかです。

この金額に、流動資産とその他の固定資産の金額を加算し、負債の金額を控除したものが、再取得価値です。この価格は、買い主から見たときの最も高い価格です。これ以上の価格での買収は、避けるべきです。この価格を試算する意義はありますが、買ってはいけない価格です。売り主にとっては、これ以上の売却価格を希望しても、それは何の根拠もない勝手な価格だといえます。

筆者の経験した事例でこんなケースがありました。メーカーAは重要部品をB

社1社から仕入れていました。B社には後継者問題がありました。B社が他社に売却されてしまい部品供給が途絶えると、A社は事業を継続できなくなります。A社として事業を継続するには、B社を買収する以外に選択肢がなかったのです。このとき、A社は、再取得価格に近い価格でB社を買収しました。

図表8-2：再取得価格の考え方

5 収益還元価値【インカムアプローチ】

☞収益還元法はM&Aの評価法のベース。近年はDCF法が多用される

収益還元価値とは、「会社が生み出す利益を、適切な利回りで割って、株価を算定する」方法です。

不動産投資の場合でも、投資額に対して年間の賃料収入がどの程度の割合になるかを考えて投資するでしょう。利回りが10％ならよし、3％なら低すぎて話にならない、などと判断して投資します。会社の価格も、結局は投資額に対して会社が生み出す利益がどの程度の割合になるかが重要なのです。収益還元法とは、この考え方で会社の価値を計算しようとするものです。

過去3年間の税引後利益が3,000万円の会社の場合、適切な割引率が6％だったとすれば、

3,000万円÷6％＝5億円

と計算され、会社の株価は5億円と考えます（**図表8-3**）。

この方法は、考え方としてはよくわかりますが、なぜ6％が割引率として妥当なのかがよくわかりません。買い主が投資基準を持っていて、利回り6％以上でなければ投資しないという基準があるならば、それを利用して買収価格を試算するのに向いている方法といえます。

収益還元価値と同様の考え方、すなわち会社の価値とは将来その会社が生み出す利益から考えるのが妥当だとされる方法の1つに、DCF法（Discounted Cashflow Method）というのがあります。これは、ファイナンス理論を背景にして生み出された考え方です。近年は、この方法が株価を求める方法として最も普及しています。本書ではこの方法について説明しません。関心のある方は、専門書を手に取ってみてください。

図表8-3：収益還元法の考え方

6 類似会社比準価値【マーケットアプローチ】

☞類似会社比準方式は、上場類似会社の株価を参考にする

　類似会社批准方式とは、対象会社と同じ事業を行う上場会社の株価を参考にして、株価を推定する方法です。

　上場会社の株価の水準を見る方法として、PER（Price Earning Ratio：株価時価総額が利益の何倍かを表す指標）やPBR（Price Book Ratio：株価時価総額が純資産の何倍かを表す指標）を知っている人は多いでしょう。PERが30倍の株価は割高だなどといわれたりします。近年は、PBRが1以下の会社も多いのです。これは、時価総額が純資産の額よりも小さいということです。

　評価したい会社と同じ事業を営む上場会社を見つけ出し、その会社のPERやPBRを参考にして対象会社の株価を求めようとする方法です。

　しかし、評価したい非上場会社と同じ事業を行っている上場会社はほとんどありません。非上場会社には下請会社が多く、上場会社には下請会社はほとんどありません。事業規模も違います。評価したい会社の売上高は5億円、一方類似業種の上場会社の売上は1,000億円だったりします。また、選び出した上場会社と同じ将来性があるのかも疑問です。こうしたことから、この評価法は、非上場会社のM&Aにはほとんど使われません。

7 シナジーとは何か

☞シナジーは買い主がもたらすが、その対価は払うべきもの

　M&Aにおいて入札を行うと、買い主によって買収したい価格に違いがあることがわかります。なぜ買い主によって価格が違うのでしょうか。それぞれの買い主が同様の株価計算法を採用していたとしても、差がつきます。どうしてだと思いますか。事例を使って考えてみましょう。

　A、B、Cの3社がT社を買収しようとしているとします。各社のT社買収後の経営方針は次のとおりだとします。

【A社の方針】	T社の経営は、買収前の経営陣に任せたままにし、A社は単に株主として存在するにとどめる
【B社の方針】	買収後は、B社とT社とで重なっている仕事を1つにまとめる。たとえば総務部門を1つにして人数を半分にし、余剰人員はT社の営業部門などに配置換えし、営業力を強化する
【C社の方針】	B社の方針に加え、研究開発を共同で行う。新製品の開発力を強化し、開発する新製品の数を増やす

　さて、以上のA、B、C社の方針を比較したとき、どの会社が最も高い札を入れることができると思いますか。おそらくほとんどの方がC社と答えるでしょう。そのとおりです。なぜC社が最も高い買収価格を提示できるのでしょうか。それは、シナジーが大きい、言い換えれば一体でビジネスを行ったとき、最も利益が大きくなるからです。

　買収価格とは、次のように考えることができます。

　買収価格 ＝ ①売却会社単独の価値 ＋ ②買い主がもたらすシナジーの価値

　①はどの買い主にとっても同じですが、②の価値は買い主によって異なります。上の例でいえば、A社は②の価値がゼロです。C社が②の価値が最大になります。

　ときどき、②の価値は買い主が作り出すものだから、①の価値でしか買収しないという買い主がいます。これは誤りです。相手会社がなければ、その価値は生まれません。買い主だけの力でその価値を作り出しているわけではありません。要するに、シナジーを考慮して算出した買収価格が、それに見合った利益を生み出すのであれば、それでよいわけです。上の式は、シナジーも考えて投資価値を算定しなさいということをいっているのです。

Column

M&Aの仲介者は誰の味方？

　M&A仲介業者が何社あるかご存じですか？　筆者もよくわかりません。

　いま、中小企業庁が「M&A支援機関登録制度」というものを作っていて、その登録事業者数は2022年度で、2,887社だそうです。中には、「本業は税理士だけれど、顧客のM&Aニーズに対処して手数料を得るために、登録している」という税理士さんもいるようです。プロを自認している業者数は、果たしてどのくらいなのでしょうか。

　M&A支援機関に登録している業者の多くは、「仲介業務を行う」としています。仲介業とは、売り主と買い主の双方から手数料を取る業者です。メガバンクや大手証券会社は、仲介業者でしょうか。いいえ、彼らは、売り主か買い主のどちらかにアドバイスすることを業としています。仲介はしていません。実は、仲介を行わないところは、数としては少ないのです。

　日本の不動産業者も仲介業ですね。日本では、売り主と買い主とが資産の売買取引するとき、仲介業が当然とされてきました。でも、海外では"利益相反"といって、こうした取引が否定されています。仲介業者に、「あなたは売り主か買い主か、いったいどっちの利益を優先するのか」、と問いかけてみてください。

　メガバンクや大手証券会社のM&A業務は、"フィナンシャルアドバイザリー"といいます。こうしたフィナンシャルアドバイザーの報酬は、リーマン方式で計算します。仲介業者は、どちらの味方でもないのに、M&Aの手数料ということで同じリーマン方式を使っています。

　"私の味方"なら、リーマン方式は妥当ですが、どちらの味方でもない仲介が、同じリーマン方式を採用するのはおかしいと思いませんか。

第 9 章

M&A取引の種類

　本章では、M&Aの取引方法について説明します。社長が株を売ることだけがM&Aではないことを知っておいてください。M&A取引は千差万別で、持株を売らないM&Aもあります。

1 M&A取引の種類
☞M&Aにはいろいろな取引形態がある

多くの人はM&Aとは会社の株式を売ることだと思っています。「株を売る」以外にもさまざまなM&Aがあるのですが、どのような形があるのかはあまり知られていません。ここではM&Aにはどのような形があるのか、そしてそれぞれの形態はいつ使われるのかを説明します。

M&Aのさまざまな形を**図表9-1**に示します。売り主の希望、買い主の希望、会社の状態などが総合的に勘案され、M&Aの形が決まります。どの方式がよいかは、M&Aの専門家であるアドバイザーが、どうすれば顧客の利益が最大になるかを考えて進言します。

図表9-1には、業務提携も加えましたが、一般に業務提携はM&Aに含めません。ただし、業務提携はM&Aに発展する可能性があり、逆にM&Aを考えていても業務提携に留まることもあります。相互にメリットのある業務提携は資本関係をともなうこともよくあるので、業務提携も入れておきました。

図表9-1：M&A取引のさまざまな形

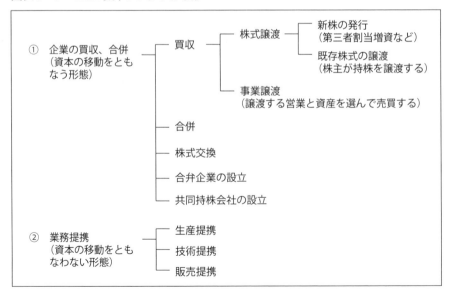

2 株式譲渡
☞株式譲渡は最も一般的なM&A

株式譲渡は、M&Aの中で最も一般的な形態です。

図表9-2に示すように、買い主が売却会社の株主から株式を買い取って自分の会社にします。対価としては現金が支払われますが、上場会社の場合は自己の株式で支払うこともあります。全株を取得し、その対価を株式で支払う場合を「株式交換」と呼びます。

株式を100％取得すると、会社を完全に支配することができます。会社法では、株主が取締役を選び、取締役が会社の経営を監視するわけですから、株式を100％取得すれば取締役を指名することができ、買収した会社を思うように経営することができます。

図表9-2：株式譲渡の方法

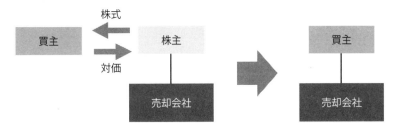

会社の支配力は、図表9-3に示すように、持ち株比率によって違います。上場会社であれば、株主総会で議決権を行使しない一般の株主も多いので、40％の株式を持っていれば、実質的に取締役の選任を思うようにできることもありますが、非上場会社の場合は、経営権を握るには50％以上の株式を持つ必要があります。

図表9-3：持株比率と会社に対する権限

持株比率	重要な権限
1．100％を保有	株主は1人なので、思うとおりに取締役を選任でき、会社を完全に支配できる。
2．2/3以上を保有	株主総会の特別決議（定款の変更、取締役の解任、合併や解散など）を可決できる。
3．1/2超を保有	株主総会の普通決議を可決できる。取締役の選任ができるので、実質的に経営権を握ることになる。ただし、特別決議は通せない。
4．1/3以上を保有	特別決議を阻止することが可能。
5．3％以上を保有	株主総会の召集、帳簿の閲覧ができる。帳簿閲覧によって、会社の経営状況を知ることができる。
6．1％以上を保有	株主総会における議案提出権が認めらる。

3　第三者割当増資

☞第三者割当増資によって、開発資金や設備投資資金を調達する

対象会社に出資し、会社から株式の発行を受け、新しい株主として加わるのが第三者割当増資です（**図表9-4**）。出資する金額によって、取得する株式数が変わります。過半数の株式を割り当てられ、筆頭株主になることもあります。既存株の売買ではありませんが、これもM&Aの1つの形態です。

図表9-4：第三者割当増資の方法

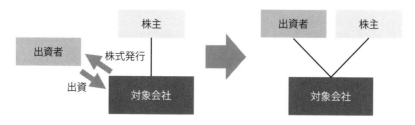

第三者割当増資は、対象会社が開発資金や設備投資資金を必要とするときに行われます。銀行からの借入でもよいのですが、借入には返済義務がともないます。投資の回収が長期になる場合や、投資回収の確実性が不透明である場合に第三者割当増資を検討します。

事業の発展に貢献してくれそうな会社を探し、出資を検討してもらいます。出資者とは、業務提携関係をともなうのが普通です。資金使途や金額が決まってい

ることが多く、出資者にはその資金拠出を求めます。

　出資者にとっては、出資の結果、どれだけの株式を取得できるのが大きな関心事です。多くの資金を出資しても、割り当てられる株式数がわずかであれば、面白くないでしょう。第三者割当増資の場合は、出資者に割り当てられる株式割合が争点になります。

　上場会社に出資する場合は、株価が形成されているので、それを参考にします。市場株価よりも相当低い株価で出資を受ける場合は、既存株主の株式価値を下げることになりますので、株主総会の開催を求められることがあります。

　非上場会社に出資する場合は、市場株価がわからないので、株価を算定しなければなりません。出資した金額を株価で除して求められる数の株式が出資者に割り当てられます。

4　事業譲渡
☞事業譲渡は、負債や不要な資産を引き取らずにすむ

　事業譲渡とは、会社が複数の事業を営んでいる場合、1つの事業をそのまま他社に譲渡する方法です。事業に必要な資産と、その事業の顧客との取引関係と、その事業に従事している従業員を譲渡相手にそっくり引き取ってもらいます。顧客との取引関係については、顧客の了解が必要になります。従業員を強制的に譲渡相手の会社に移動させることはできないので、事情を説明して了解を取り、同意した人が相手会社に移動します。

　この方法の場合、事業を譲り受けた会社（A社）が、B社にその対価を支払います（**図表9-5**）。一般に、資産の金額に営業権を加算したものが支払われます。

図表9-5：事業譲渡の方法

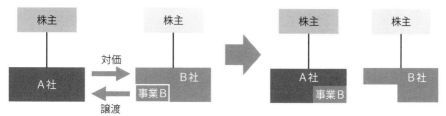

事業譲渡の場合は、買い主のA社が買い取る資産を選ぶことができます。図表9-2の株式譲渡だと、不要な資産があっても会社を丸ごと引き受けなければなりません。買い主が事業Bは是が非でもほしい、その他はいらないという場合に、事業譲渡の方法が使われます。

　近年は、事業Bを「会社分割」の方法で子会社として切り離し、その後に子会社の株式を譲渡する方法を採るケースが増えています。この方法でも同じ効果が得られます。

　会社が立ち行かなくなったとき、良い部分（事業）と悪い部分（事業や負債）を分けて再建する方法としても使われます。会社全体を引き受けるのは荷が重いが、この事業なら興味があるということもあり、よいスポンサーを見つけることができます。

5　合併

☞合併の意義は、重複する業務をまとめて人員の余剰を活用できることにある

　合併は、2つの会社が組織として1つの法人になる方法です（**図表9-6**）。M&A（Merger and Acquisition）のMergerが合併のことです。株式譲渡と並んで、古くから行われてきた企業統合の形態です。同じ業種に属する、事業規模が近い2社が統合する場合に、この方法がよく用いられます。

図表9-6：合併

　2つの企業が統合する方法としては、最も一般的な方法です。合併には、組織の一体化が必要ですので、その作業には時間がかかります。そこで近年、暫定的に**図表9-7**（次節）に示すような持株会社（ホールディングカンパニー）を作って、その傘下に2つの会社がぶら下がる形をまず作り、その後時間をかけて合併に至るケースが増えています。中には、いつまで経っても持株会社の形のま

まで放置されているケースもありますが、これでは統合の効果が何も発揮されません。合併できないのであれば、その企業統合は白紙に戻したほうがよいでしょう。

合併は、一般に本社管理部門のスリム化をもたらします。2社とも本社に200人の人間がいたとすると、単純に足し算すると合併会社では400人の本社になりますが、本社の仕事は2社に共通する業務がほとんどであり、コンピューターシステムによる業務効率化を行えば、たとえば230人でこなせるということになり、残りの170人を営業戦力や生産業務に回すことができます。これが、最大の合併効果です。

6 共同持株会社
☞ 共同持株会社は、合併前の暫定的なかたち

共同持株会社とは、**図表9-7**に示すように、A社とB社が持株会社の下で同じグループを形成する方式です。A社とB社の株主には、共同持株会社の株が交付されます。

図表9-7：共同持株会社設立による企業統合

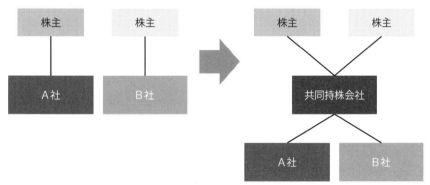

合併のところで説明しましたが、合併は2社が1つの会社になることですから、組織を統合し、業務を統合し、システムを統合するという作業が必要です。合併には、大変な労力が必要です。そこで、とりあえず共同持株会社を作り、同じグループになったうえで、時間をかけて合併するという手順を踏むケースが増えています。合併前の暫定的な形といっていいでしょう。いつまでもこの形のまま

すと、企業統合のメリットが出ません。

グループ企業を統治する方法としてグループの持株会社を作り、その下にグループ各社を入れるという事例もありますが、これは純粋なM&Aとはいえません。

7 合弁企業
☞合弁企業は、他社と共同で事業を行う場合に組成する

合弁企業とは、複数の会社が、ある事業を共同でやろうと合意して、新しい会社（合弁会社）を作り、そこに事業を移管して行う方法です（図表9-8）。

図表9-8：合弁企業

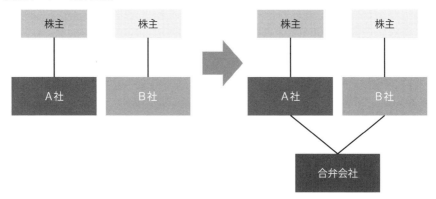

合弁企業は、自社単独だと競争力が弱い事業や、1社で新製品開発を行うより共同で開発するほうが、開発費用負担が少なくなるという場合に見られ、その事業を行っている他社に話を持ちかけます。外国で事業を展開する場合にも、単独でやるには現地の事情などがわからず頓挫するおそれがあることから、現地企業と合弁会社を作ることがよくあります。

合弁会社を作る場合は、合弁会社に対する支配権について、相手とよく話し合う必要があります。

第10章

事業承継問題

　本章では、中小企業のM&Aの最も大きな背景である事業承継問題を取り上げて説明します。近年は、子供がいても後を継がせないケースも出てきており、さまざまなソリューションが期待されています。

1 中小企業のM&Aの大きな理由は事業承継問題
☞非上場企業では、後継者への株式の移動が大きなテーマになる

　中小企業においては、事業承継問題がM&Aを選択する最大の要因となっています。

　上場大企業では、社内から後継者が選ばれます。後継者が株式を買って会社のオーナーになる必要はありません。経営者は多くの株主の信任を得て経営にあたり、株主は新経営者の力量を見守ります。もし、経営者としての力がなければ、株主総会で取締役を解任され、新しい経営者が選ばれるだけです。

　しかし、非上場の中小企業では、後述しますが、経営者と株主とが分離しているとさまざまな問題が起きることになります。そこで、経営する者が株式を持つ必要があります。中小企業では、後継者を選ぶことと後継者に株式を取得させることが、一体のこととして検討されます。

　ここでは、中小企業のM&Aを生み出す最大の理由となっている事業承継問題について説明します。

2 事業承継のパターン
☞事業承継のパターンと留意点を理解する

　事業承継のパターンは、**図表10-1**に示すように分類することができます。

図表10-1：後継者のパターン

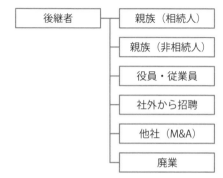

　図表10-2に、後継者別の留意点を記します。

図表10-2：後継者と留意点

項目	1. 親族(相続人)	2. 親族(その他)	3. 従業員	4. 社外から招聘	5. M&A	6. 廃業
後継者育成	○	○	○	×	×	×
社長交代時期	○	○	○	×	×	×
株式移動時期	○	○	○	×	×	×
株価対策	○	○	○	○	×	×
税理士対策	○	○	△	×	×	○
銀行対策	○	○	○	○	○	×

○：不可欠なテーマ、　△：やっておくとよいテーマ、　×：気にしなくてよいテーマ

3 親族への承継

☞子供への承継は、事前にじっくりと適性を見極めることが大切

(1) 子供への承継
①子供への承継にあたり経営者が心配すること

子供への承継はわが国の中小企業の最も一般的な事業承継方法です。

子供に継がせるときに気になることの1つが相続税です。社長が持っている株は、いずれは子供に相続されます。業歴が長く社員を数十人雇っている会社であれば、相続する株の評価が1億円を超えることはよくあります。そうすると、大きな相続税がかかります。このため、従来、事業承継の問題は相続税の問題だと認識され、事業承継に関する書物は、相続税の問題に焦点を当てたものがほとんどでした。そうした書籍の著者の大半は、税理士か会計士でした。

相続税が大事な問題であることは否定しませんが、それ以上に大事なことは後継者が事業をうまく引継ぎ、発展させることです。「ユニクロ」で有名になったファーストリテイリングという会社は、柳井正氏が山口県の実家が経営していた小郡商事を引き継いで大きくしたものです。このように、子供が親の事業を引き継いでさらに伸ばしていくことができれば、親として事業を興した甲斐があったというものです。相続税に目を奪われて、経営の引継ぎが疎かになってしまっては、それこそ本末転倒です。相続税にとっての最善策が、必ずしも会社経営にとっての最善策ではありません。

経営者に対するアンケート結果（**図表10-3**）を見ると、親族を後継者とする場合に経営者が最も心配することは後継者の経営能力です。自分が大きくした会

社を、子供であるという理由だけで引き継ぐ資格があるのかというと、社長はそうは考えていないということです。経営がうまく引き継がれてこその事業承継であり、相続税はその次の問題だと考えている経営者が少なくないことがわかります。

図表10-3：親族に事業を引き継ぐ際の問題点

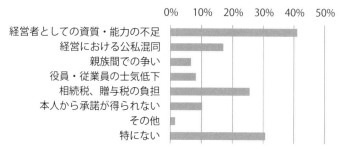

出所：平成25年野村総合研究所より

②社長としての適性判断と株式移動タイミング

　子供に社長としての適性がないことがあります。社長の椅子を子供に譲った後に、適性のないことがわかった場合、本人が自ら社長の座を降りるのであれば、会社にとっては幸いです。しかし、一般に、適性がないと自己否定する人は稀です。もし過半数株式を相続していれば、社長を交代させたくてもできません。会社にとって、これが最大の問題です。株式の移動は、社長としての適性を確認してから行うべきです。子供であっても、社長就任後2年程度はオーナー社長ではなく雇われ社長でいいのです。

　多くの事業承継の書物では、株式移動の方法や相続税の低減方法にページが割かれていますが、株式移動のタイミングについては言及していません。株式移動のタイミングは、事業承継の中で、大変重要なテーマです。

　近年、種類株式が認められるようになり、議決権株を前社長が保有し、無議決権株を子供に渡すという方法が認められるようになりました。こうすることによって、適性がなければ退任させ、配当金を受け取る権利だけを与えることができます。本書ではこうした手法について詳しく説明しませんが、さまざまな制度の活用を検討すべきです。

（2）子供への引継ぎが困難な場合

　子供に適性がない場合や子供が引き継ぐことを拒絶した場合は、それ以外の事業承継方法を模索しなければなりません。図表10-3によれば、子供から承諾が得られずに困っている方が10％いることがわかります。

　子供が引き継がない場合は、他の親族から選ぶか、社員から選ぶか、外部から経営者を招くか、それとも会社を譲渡するかという選択になります。

（3）子供以外の親族への承継

　後継者が親族であっても子供ではない場合は、株式が自動的に相続されませんから、一般的には売買によって株式を移動します。相続権のない人に株式を移すには、贈与するか売買するかしか方法がありません。その意味からいえば、子供以外の親族が会社を引き継ぐ場合は、社員や外部者に引き継ぐ場合と変わらないことになります。養子に迎えれば相続権が生まれますので、実の子供と同じように相続できます。

4　社員への承継

☞社員による承継は、①債務保証の引き継ぎ、②株式の買い取り、の壁がある

　社員を後継者に選ぶのであれば、社長としての能力を備えていることが前提です。

　大企業なら豊富な人材の中から社長を選べますが、中小企業の場合は、必ずしも人材が豊富ではありません。また、社員を社長にしようと考えて教育することも、ほとんどありません。たまたま信頼できる社員がいる場合に、社長を任せようということになります。

　社員を後継者に選ぶ場合の問題点を指摘しておきます。考えるべき点は、2つあります。

（1）連帯債務保証の問題

　社員を後継者にする場合、銀行への債務保証はその社員に委ねるのが妥当でしょう。しかし、実現には大きなハードルがあります。

　普通のサラリーマンが大きな借入を行うのは、住宅を建築・購入する場合くらいで、借入金の額は多くても5,000万円くらいでしょう。一方、会社が負ってい

る銀行からの借入は、従業員が数十人いれば1億円以上も珍しくありません。社長に就任する条件として1億円を超える連帯債務保証を求められたら、多くの人は二の足を踏み、家族の反対にあうはずです。まして、経営者としての自信や自覚ができていないのに、連帯債務保証することは難しいでしょう。

　それでは、社長を社員から抜擢しても、債務保証はオーナーが継続するべきなのでしょうか。オーナーが健在であれば、後継社長が経営を誤った場合に、更迭してオーナーが社長に返り咲き経営を改善できます。この関係は、オーナーが健在であることが条件です。オーナーが亡くなった場合、相続人は経営改善する力を持っておらず（持っていれば、相続人が後継者になっていたはずです）、債務保証を引き継ぐのは難しいでしょう。最近は、金融機関が連帯保証を求めない動きも出てきましたが、筆者は、社長になる人が、社長としての自覚をもって、債務保証を行うべきだと考えています。本当は、会社が債務保証を求められないような財務状態であり、業績であることが望まれます。

(2) 株式譲受の問題

　株式は、経営権の裏づけです。社長に就いても、株を持たなければ、株主総会で社長の座を追われることがあります。非上場会社の社長は、少なくとも、50％超の株式を持たなければなりません。したがって、後継者に株式を譲る必要があります。

　ところが、サラリーマンであった人が、株式を買い取れるだけの資産を持っていることは稀です。後継者が買える価格で株式を譲ることができればよいのですが、業歴も長く業績も安定していると、株価が1億円以上というのは普通です。「株を譲るから1億円を出すように」と社員に言っても、普通は無理です。

　後継者が株式を買うだけの現金を持たない場合、オーナーが株を持ち続けて、経営を後継者に任せても問題はなく、オーナーが選んだ経営者ですから、信頼関係もあるでしょう。

　問題が起きるのは、オーナーが亡くなってからです。株式はオーナーの一族に相続され、会社の所有者は、オーナーの家族になります。そうすると、株主と社長との信頼関係が変化します。たとえば、業績が悪化したらどうなるでしょうか。会社の状況が悪いのに、ものを言わない株主はいません。株主の立場に立てば、配当を出してほしい、配当を出せるくらいの利益を出してほしいと要求するのは

自然です。経営に関与しない株主ほど、こうした思いが強くなります。こうして、経営者と株主との間に溝が生まれます。

上場の見込みのない非上場会社では、社長と株主は同じであるべきです。株主自身が社長として経営にあたり、自らが経営責任をとるという体制が望ましいのです。そのためには、後継者である社員が株式を譲り受ける必要があります。しかし、その対価は小さくないので、難しくなります。これを解決する方法として、近年使われる方法が、MBOです。

5 MBOという方法
☞従業員が引き継ぐために、株を譲る方法としてMBOがある

MBOとは、Management Buy Outの略で、「経営陣による自社の買収」という意味です。株主から経営陣が株式を買い取ることをいいます。後継者がオーナーから株式を買い取る場合にもこの言葉が使われるようになりました。

その方法を**図表10-4**に示します。①第1ステップで、後継者が自ら出資してSPC（特別目的会社）を設立します。SPCは、銀行から会社Aを買い取るための資金を借り入れます。②第2ステップで、この会社がオーナーから会社Aの株式を買い取ります。こうして会社AはSPCの子会社となります。③次に第3ステップでSPCと会社Aとが合併します。銀行からの借入は、合併した会社の借入となります。借入は合併会社が生み出す利益から返済します。

この方法の意義は、株式の買い取り資金は銀行から借り入れ、返済は後継者が行うのではなく、会社が行うという点です。後継者は、多くの資金を持たなくても株式を買い取ることができ、借入の返済は会社が行うので負担は小さくなります。ただし、この方法を使うための条件は、会社Aが経常的に利益を出せる会社であることです。銀行からの借入は一般にいわゆるノン・リコース・ローン[1]となります。銀行は、慎重に審査して、返済可能な金額を推定して融資額を決めます。

この方法であれば、融資額に後継者の出資金を加えた額が、株式の買い取り代金となります。後継者が十分な資金を持っていれば、借入を少なくできます。オーナーが株式をできるだけ高い価格で買ってほしいと思っている場合は、この

1　会社を買収するために借り入れた資金を、買収した当該会社が生み出すキャッシュフローから返済するタイプの借入のこと

方法だと難しいかもしれません。しかし、後継者の負担を小さくしてあげたいと考えている場合は、この方法が使えます。念のため、取引する株価が妥当であることを、銀行やM&Aの専門会社で算出してもらうのがよいでしょう。

図表10-4：MBOの形

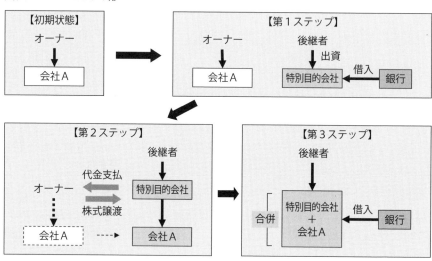

6 廃業の防止

☞社長が廃業を考えている場合は、そのシグナルが出ている

廃業は、会社がなくなるわけですから、その会社の売り上げ、社員の得ていた給料などが消滅します。その分だけ地域の経済が弱くなります。できることなら廃業は避けたいものです。

経営者は、廃業をなかなか口にしませんが、廃業の何年も前から廃業の"信号"は出ています。次のようなケースは、経営者が内心廃業を考えているといえます。

- 新しい社員が全然入ってこない
- 新しい社員が入らず、退職者はいるので、社員の数が減り続けている
- 50歳を超える長年勤務してきた社員が多く、若い社員がいない
- 売上が少しずつ減少し続けている
- 新しい設備投資を行わない

社長が高齢になると、事業意欲が衰えるせいか、多くの会社で売上が減少します。社員が高齢になり年金の受給資格ができると、「年金だけでは足りない生活費を給与で補填してあげよう」ということになり、給与が減ります。社長も年金をもらい、同じように給料を下げたりします。そうすると、売上が減っても、人件費も下がるので、利益が出て会社は十分存続できます。こうした会社は、廃業予備軍です。

　このタイプの売却の話は、案外多いのです。たぶん10年前は、もっと売上が大きく、社員にもそれなりの給料が支払われ、社長も十分な報酬をもらっていたことでしょう。

　本当なら、その状態で会社を引き継いでもらったほうが、引き継いだほうも「よかった」ということになります。会社は、本来この状態で引き継いでもらうべきです。社長がまだ5年社長をやるつもりなら、その条件を飲んでくれる先に株式を譲渡しておき、社長が5年頑張ればいいのです。譲渡先も、すぐに引き継ぐ必要がなく、時間をかけて引き継げばよいので安心です。衰えてしまった会社を引き取るよりも、元気な会社を引き取るほうがどれほど良いか。譲渡先の立場に立てば、当然でしょう。衰えた会社をもう一度奮い立たせるには馬力がいります。

　人である社長には寿命があり、いつまでも事業を続けることはできませんが、会社に寿命はありません。社員が入れ替わり、会社を存続させることが大切です。社長は、廃業を考える必要など全くありません。近年は、倒産しても事業だけは他社に引き継いでもらい、負債だけ整理するのが当たり前の時代です。事業が引き継がれれば、社員は仕事ができ、給料をもらえるのです。社長が辞めるときまで、思いっきり事業を大きくする、これが大事です。体力や気力の衰えのため社長を辞めようと思ったら、他社に社長を継いでもらえばいいのです。

　前もって、廃業の準備をするのはもってのほかです。廃業は、何をやっても赤字解消の見込みが立たない会社に限られます。

おわりに

　中小企業の事業承継に端を発するM&Aは、大変増えています。「M&Aで後継ぎを見つければよいのだ」と、簡単に考える社長も増えています。巷にあふれる仲介業者たちが、社長に安易な考えを植え付けている面もあります。そのせいか、M&Aに関連してさまざまなトラブルも起き始めています。さらに個人が会社を買い取るタイプのM&Aが出現しています。"会社 対 会社"のM&Aしか頭にない人は、時代に取り残されつつあります。若い起業家たちの中には、会社を作ってある程度自走できるようになると、会社を売却して、次の起業を企てる人も出ています。10年前とは中小企業のM&Aの世界が随分変わりました。

　本書では、現時点の動きを踏まえながら、中小企業M&Aの要点をまとめました。個別の詳しい解説は、それぞれの解説本に譲るとして、本書を読めば現在のM&Aがひととおりわかるようにしたつもりです。

　本書によって、M&Aに失敗する人が1人でも減り、M&Aの結果幸せになる人が増えることを祈念します。

　本書が、M&Aに関心を持つ人々、M&Aを実行しようと考える人々のお役に立つならば幸いです。

◇著者紹介◇

田中　佑児（たなか　ゆうじ）
株式会社TSKパートナーズ代表取締役

1980年京都大学大学院修士課程数理工学専攻修了後、1980年川崎製鉄（現JFE）入社。制御技術エンジニアとして勤務後、1988年に、三井銀行（現三井住友銀行）に転じてM&A業務に従事。中小企業から大企業までさまざまなM&Aに関与。2001年にIT系ベンチャー企業を興したが半年で断念。新光証券（現みずほ証券）で再びM&A業務に従事。上場企業のM&Aを主として手がける。2013年に東京都民銀行（現きらぼし銀行）に転じて、M&A部門の立ち上げに従事。M&Aの実績ゼロだった部門を成長させた後、2017年に退職。同年、TSKパートナーズを立ち上げ、中小企業の事業承継・事業育成などを支援している。また、後継者紹介型のM&Aを兆株式会社と推進中。
主な著書に『日本的M&A実践講座』（共著、講談社）、『これからの事業承継』（共著、税務経理協会）、『事業承継とバイアウト』（共著、中央経済社）、『M&Aにおける投資価値評価と投資意思決定』『これだけは知っておきたいM&Aの常識』（以上単著、中央経済社）。その他、セミナー講演やM&Aに関する論文、雑誌執筆を行う。
TSKパートナーズのURL：http://tsk-ps.com/

M&A Booklet
オーナーもアドバイザーも納得！
中小企業M&Aの勘どころ

2025年2月1日　第1版第1刷発行

著者　田　中　佑　児
発行者　山　本　　継
発行所　㈱中央経済社
発売元　㈱中央経済グループ
　　　　パブリッシング

〒101-0051　東京都千代田区神田神保町1-35
電話　03（3293）3371（編集代表）
　　　03（3293）3381（営業代表）
https://www.chuokeizai.co.jp
印刷・製本　文唱堂印刷㈱

© 2025
Printed in Japan

＊頁の「欠落」や「順序違い」などがありましたらお取り替えいたしますので発売元までご送付ください。（送料小社負担）
ISBN978-4-502-52161-4　C3334

JCOPY〈出版者著作権管理機構委託出版物〉本書を無断で複写複製（コピー）することは、著作権法上の例外を除き、禁じられています。本書をコピーされる場合は事前に出版者著作権管理機構（JCOPY）の許諾を受けてください。
JCOPY〈https://www.jcopy.or.jp　eメール：info@jcopy.or.jp〉